Denkmale in ländlichen Regionen der Mark Brandenburg

Geschichte und Geschichten

Konrad Jörg Müller

Findling
Buch- und Zeitschriftenverlag • Neuenhagen

2003

Bibliografische Information Der Deutschen Bibliothek
Die Deutsche Bibliothek verzeichnet diese Publikation in der deutschen Nationalbibliografie; detaillierte bibliografische Daten sind im Internet über http://dnb.ddb.de abrufbar

Buch- und Zeitschriftenverlag
Prust & Bärisch
Finkensteg 2
15366 Neuenhagen
Fon: 0 33 42/ 20 11 02
Fax.: 0 33 42 / 2 18 59
www.findling-verlag.de
info@findling-verlag.de

Herausgeber:
Konrad Jörg Müller

Fotos:
Konrad Jörg Müller, Horst Drewing (Titel)

Gesetzt aus der Garamond

ISBN 3-933603-21-8

Inhaltsverzeichnis

Abkürzungen der Landkreise

BAR	Barnim
BRB	Brandenburg
LDS	Dahme-Spreewald
EE	Elbe-Elster
HVL	Havelland
LOS	Oder-Spree
MOL	Märkisch-Oderland
OHV	Oberhavel
OPR	Ostprignitz-Ruppin
OSL	Oberspreewald-Lausitz
PM	Potsdam-Mittelmark
PR	Prignitz
SPN	Spree-Neiße
TF	Teltow-Fläming
UM	Uckermark

Vorwort

Ziel der vorliegenden Arbeit ist es, auf die Vielzahl und Vielfalt der Denkmale in den ländlichen Regionen der Mark Brandenburg aufmerksam zu machen. Zu ihnen gehören vor allem Monumente[1)] und Trouvaillen[2)], die – zum Teil abseits gelegen – wenig bekannt oder vergessen sind. Man kann sie neu entdecken. Die Denkmale sind in einen Zusammenhang mit einem Zeitabschnitt, meist einer Regierungsperiode, gebracht, die – in Abhängigkeit von der Anzahl der Denkmale und des mit ihnen verbundenen Ereignisses – mehr oder weniger ausführlich dargestellt ist. In vielen Fällen steht ein hier beschriebenes Denkmal exemplarisch für andere gleicher Art, die nicht berücksichtigt werden, um den Rahmen dieser Arbeit zu begrenzen.

Die Denkmale Brandenburgs reichen von der Ur- und Frühgeschichte über das Mittelalter bis zur Gegenwart. Denkmale aus der Ur- und frühen Siedlungsgeschichte, zum Beispiel die Kult- und Ritualplätze sowie Teufels- und Opfersteine, werden wegen ihrer Vielzahl nicht aufgeführt. Kleinere Städte, auch ehemalige Ackerbürgerstädte, besaßen sie, zu dem Zeitpunkt auf den sich ein Denkmal bezieht, dörflichen Charakter, wurden vereinzelt in dieses Buch aufgenommen. Burgen, Schlösser, Herrensitze und Klöster, auch Reste von ihnen, bleiben ausgespart. Friedhöfe und Grabstätten sind exemplarisch erwähnt, ebenfalls einige in Kirchen befindliche Gegenstände von historischer Bedeutung. Auf Personen bezogene Denkmale können sich über zwei (Regierungs-/Herrscher-) Perioden erstrecken; es musste ausgewählt

1) Monument (lat. monumentum): Denkmal, Denkzeichen, Mahnmal, Andenken, histor. Zeugnis

2) Trouvaille (frz. trouver – finden): ein zufälliger, glücklicher Fund (auch Fundsache, Entdeckung)

werden, welcher von beiden sie zuzuordnen sind. Das Aufstellungsdatum eines Denkmals, das zum Teil Hunderte von Jahren später liegen kann als der Anlass, auf den es sich bezieht, bleibt für die Einordnung unberücksichtigt.

Brandenburg ist bis um die Mitte des 19. Jhs. ein überschaubares Gebiet; dies zeigen die vielen Personen- und Ortsverflechtungen. Die engen Verbindungen werden, sowohl bei Familien, die über viele Generationen nachweisbar sind, als auch bei Personen bezogenen Denkmalen gleicher Berufsgruppen, unabhängig von dem Zeitabschnitt, den sie umfassen, zusammenhängend dargestellt. Die Abbildungen (Abb.) sind fortlaufend nummeriert.

In dem Kapitel »Vom Mittelalter bis zum Beginn des 17. Jahrhunderts« wird wegen der geringen Anzahl der Denkmale und des großen zeitlichen Abstandes, der zwischen ihnen liegt, kein zusammenhängender geschichtlicher Überblick aufgezeigt. Da für die Zeit Friedrich Wilhelms I. (1713–1740) in Brandenburgs ländlichen Regionen nur ein Denkmal vorhanden ist, wurde es als letzte Abbildung der Zeit von Friedrich III., später Friedrich I. (1688–1713), zugeordnet. Die Zeit Friedrich Wilhelms I. wurde dementsprechend im Inhaltsverzeichnis nicht gesondert aufgeführt. Die wenigen Denkmale aus der Zeit zwischen den beiden Weltkriegen wurden in das Kapitel »Wilhelm II.« eingegliedert. Die Landkreise sind mit ihrer gebräuchlichen Abkürzung gekennzeichnet. Register am Ende des Bandes erlauben ein schnelles Auffinden der Denkmale nach Orten sowie nach Personennamen. Zum besseren Verständnis und zur Erleichterung der Zuordnung der einzelnen Denkmale in ihre Zeitepoche wird den Leserinnen und Lesern empfohlen, die entsprechenden Ausführungen (z. B. Friedrich II., Friedrich der Große [1740–1786]) bzw. auch die »Vorbemerkungen« zu einzelnen Abbildungsgruppen zu lesen.

In Brandenburg gibt es 30 000 bis 40 000 Denkmale, von denen vor allem die in den Städten allgemein bekannt sind. Doch haben auch die weniger bekannten Denkmale in den ländlichen Regionen Brandenburgs – ebenso wie die herausragenden Monumente unseres kulturellen Erbes – für das Heimatgefühl und die Geschichte der Menschen große Bedeutung. (vgl. Monumente: 12. Jg. No 9/10). Denkmale sind Identifikationsmerkmale, die zu unserer täglichen Umgebung als Teil der heimatlichen Region und immer wiederkehrender originaler Begegnung gehören. Sie führen uns zu den Quellen unserer *»Vorfahren«*, denn sie *»leiten in die Menschenschicksale zurück, die der Boden früher gesehen hat.«* (Spranger, E., S. 23).

Denkmale erlauben Einblicke in politische, kulturelle, religiöse, wirtschaftliche und sozialgeschichtliche Verhältnisse. Sie sind Gedächtnis und Gewissen. Sie legen Zeugnis ab vom Stand der Wissenschaft und der Kunst. Sie sind *»prägende Bestandteile der Kulturlandschaft«* (Gesetz über Schutz und Pflege ...). Um Denkmale als Identifikationsobjekte zu bewahren, müssen sie erhalten und gepflegt werden. Voraussetzung dafür ist, dass man sie kennt, besucht und bemüht ist, »eigene Erkenntnisse zu gewinnen« im Sinne einer Auseinandersetzung mit der Vergangenheit zum Zwecke einer Gestaltung und Bewältigung von Gegenwart und Zukunft. Ein Vergessen der Denkmale kommt ihrem Verfall gleich. Sie brauchen Besucher, um ihre Geschichte und die ihrer Region zu erhalten und lebendig werden zu lassen. Es muss *»die bewahrende und verehrende Seele des antiquarischen Menschen in diese Dinge übersiedeln und sich ein heimisches Nest bereiten«*, und vielleicht findet er darin *»seine Kraft, seinen Fleiß, seine Lust, sein Urteil, seine Torheit und Unart wieder und grüßt ... über weite verdun-*

kelnde und verwirrende Jahrhunderte hinweg die Seele seines Volkes als seine eigene Seele« (Nietzsche, F. W.).

Denkmale wurden zu allen Zeiten bedroht und zerstört. Es gab immer »Bilderstürmer«, die durch das Vernichten Erinnerungen beziehungsweise Geschichte auslöschen wollten. Während der Französischen Revolution wurde ein Edikt zur Bewahrung der Denkmale und Kulturgüter erlassen: *»Ihr seid nur die Verwalter eines Schatzes, über den ihr der Öffentlichkeit Rechenschaft ablegen müßt. Nur Barbaren und Sklaven verachten die Wissenschaften und zerstören die Monumente. Freie Menschen lieben und erhalten sie.«* Wie schwer es ist, *»Achtung vor der historischen Existenz als solcher«* (Dehio) und damit Verständnis für die Denkmale zu wecken, um indirekt für ihren Erhalt zu werben, zeigen die beiden Bände von Wussow und die Ausführungen von Kiesow über die Kriegerdenkmäler von 1870/1871: *»Man kann nicht nur die Erinnerungen an glückliche Phasen der Geschichte bewahren. Die Versöhnung der ehemaligen Kriegsgegner in Europa macht die schrecklichen Kämpfe nicht ungeschehen. Deshalb wäre es auch falsch, die bombastischen Kriegerdenkmäler von 1870/1871 zu beseitigen. Man sollte sie heute nicht mehr als Siegesmale, sondern als Symbole einer endgültig überwundenen Feindschaft interpretieren.«* (Kiesow, G., S. 49).

Denkmale weisen die Stilelemente ihrer Epoche auf und spiegeln den Zeitgeist wieder. Sie wurden aus den verschiedensten Materialien geschaffen und haben vielfältige Ausdrucksformen, zum Beispiel Bildnisse, Reliefs, Portraitmedaillons, Statuen, Büsten, Obelisken, Säulen, Kreuze, Inschriften, Inschrifttafeln etc. Bei fast allen Denkmalen handelt es sich um »bewusst geschaffene«, nur in wenigen Fällen um solche, die es »mit der Zeit geworden» sind.

Als ein Plädoyer für den Erhalt von Denkmalen und ihre Bedeutung sei ein Satz von Carl Boetticher (1806–1898), Architekt, Archäologe und Leiter der Skulpturensammlung des Berliner Museums, zitiert:

»Aller Fortschritt des Geistes kann nur geschehen durch Erkenntnis des schon Vorhandenen, und während das Geschlecht mit einem Blicke vorwärts strebt, muß es den anderen rückwärts senden, zum Vorhandenen, zum schon Gewordenen, um aus ihm die Erkenntnis einer neuen Wahrheit, die das Bestehende aufnimmt und in einer weiteren höheren Entwicklung fortsetzt, zu gewinnen.«

Denkmale aus der Zeit des Mittelalters bis zum Beginn des 17. Jahrhunderts

Abbildungen 1–17

1. **Ellingen** (UM),
an der B 198, am Abzweig nach Ellingen

Abb. 1
Steinkreuz bei Ellingen

Nahe Ellingen steht eines der interessantesten Steinkreuze Brandenburgs. *»Das Ellinger Kreuz ist ein Erzeugnis der christlichen Frühzeit unserer Gegend. Die eingemeißelten Kreise weisen noch auf das Heidentum und mögen so genannte Sonnenräder darstellen, denen man die christlichen Kreuze beigab. Die Bedeutung der Hand auf der Südseite des Steines ist zur Zeit noch ungewiss. Einige Berichter vermuten in diesem Steinzeichen auch eine Art von Wegweiser.«*
(Deutscher Kulturbund, S. 17).

2. **Lübben** (LDS),
an der Kreuzung B 87, B 320, B 115

Im Stadtpark steht ein Gedenkstein mit der Inschrift LIUBA. Das heutige Lübben wird 1150 zum ersten Mal als »urbs lubin« erwähnt. Vom slawischen Wort Ljuba (Liebe), mit der Kurzform Ljubinka, ist der Name Lubin, später Lübben, abgeleitet. An die heilige Lioba, Mitarbeiterin des heiligen Bonifaz (um 710–782), erinnert dieser Stein nicht. Der Name Lioba ist gelegentlich im süddeutsch-katholischen Raum anzutreffen (Mackensen, L.).

Abb. 2
LIUBA

3. **Friedersdorf** (EE),
bei Sonnenwalde, nördl. von Finsterwalde, nahe der B 96

»Sühnekreuze« wurden im Mittelalter und bereits früher – meist am Wegesrand – aufgestellt. Sie können als Sühne

Abb. 3
Steinernes Sühnekreuz in Friedersdorf

für einen Mord, als Erinnerung an einen Unfall oder als Zeichen eines Gelübdes aufgestellt worden sein. Um diese Steine ranken sich Geschichten und Sagen. Im Jahre 1900 zählte man allein im damaligen Kreis Luckau 25 Sühnekreuze.

4. **Arenzhain** (EE),
nördl. von Doberlug-Kirchhain,
westl. von Finsterwalde

Neben den Sühnekreuzen gibt es – wie beim Ellinger Kreuz angedeutet (vgl. Text zu Abb. 1) – auch so genannte Wegekreuze, vereinzelt umfunktionierte Sühnekreuze, die Richtungspfeile aufweisen können. Ein solches, tief in der Erde steckendes Kreuz, befindet sich an einer Straßengabelung neben der Hauptstraße.

5. **Tempelberg** (LOS),
südl. von Müncheberg, nahe der B 5

Anfang des 12. Jhs. wurde in Frankreich der Templerorden gegründet, der sich schnell über Europa ausbreitete, großen Einfluss gewann und über gewaltigen Besitz verfügte. Im ersten Viertel des 13. Jhs. waren die Templer auch in der Mark Brandenburg nachzuweisen. Ihre Komturei lag in Lietzen; zu dieser gehörten unter anderem die Dörfer Neuentempel, Tempelberg, Werbig, Dolgelin und Heinersdorf (auf dessen Feldmark Kaiser Karl IV. im Jahre 1348 den falschen Waldemar anerkannte). An die Templerzeit erinnern Kirchen beziehungsweise Ruinen. An der spätromanischen Kirche (2. Viertel des 13. Jhs.) von Tempelberg, die aus Granitquadern errichtet ist, befindet sich rechts neben dem ehemaligen, zugemauerten Haupteingang ein Quaderstein, in den fünf Kreuze – in Form der Tempelritterkreuze – eingearbeitet sind. Vermutlich

Abb. 4
Wegekreuz in Arenzhain

stammen sie aus der Templerorden-Zeit oder erinnern an diese. 1312 wurde der Orden aufgelöst, das Vermögen ging in die Hände der Johanniter über.

Auch der Ort **Marxdorf** (MOL, s.-östl. von Müncheberg, zw. der B 1 und der B 5), 10 Kilometer nordöstlich von Tempelberg, wurde 1244 von den Tempelrittern gegründet. Die Johanniter übernahmen Kirche und Ort 1318. Über dem Turmportal der Kirche befindet sich in einem Quaderstein ein als Relief gearbeitetes Johanniterkreuz.

Abb. 5
Kreuze in einem Quaderstein an der Kirche in Tempelberg

6. **Eichhorst** (BAR),
n.-östl. von Berlin, an der B 198

Durch Eichhorst verläuft der 1766 schiffbar gemachte, 11 Kilometer lange Werbellinkanal, der den Werbellinsee mit dem Finowkanal – südlich von Marienwerder – verbindet (vgl. Texte zu Abb. 24, 56). Von Eichhorst führt parallel zum Werbellinkanal ein Weg zum Askanierturm. Auf dem so genannten Schlossberg, von Wasser und Moor umgeben, stand um 1247 an der Südwestspitze des Werbellinsees eine Askanierburg, die in der Regierungszeit der Askanierbrüder Johann I. und Otto III. (1227–1266) erbaut wurde. Drei Burgen waren miteinander verbunden: Werbellin, Breden in Altenhof, Grimnitz. Nahe der ehemaligen Burg Grimnitz, am Platz einer nicht mehr existierenden Glashütte, gründete Joachim Friedrich (1598–1608) im Jahre 1603 den Ort Joachimsthal. Hier richtete er vier Jahre später, nach dem Vorbild sächsischer Fürstenschulen, eine Gelehrtenschule ein. 1647 wurde diese nach Cölln, 1688 nach Berlin verlegt (später Joachimsthalsches Gymnasium). Im 14. Jh. wurde die Burg Werbellin aufgegeben und durch Kriege zerstört. Der Heimatdichter

Abb. 6
Askanierburg Werbellin 1247–1350

Ferdinand Brunold aus Joachimsthal (vgl. Text zu Abb. 121) hatte die Idee, in Erinnerung an die Burg, an alter Stelle einen Aussichtsturm zu setzen. Prinz Carl von Preußen verwirklichte es und ließ einen Turm errichten, über dessen Eingangstür geschrieben steht: *»Zur Erinnerung an die Askanierburg Werbellin 1247–1350 weihte diesen Turm Prinz Carl von Preußen am 2. Oktober 1879«.*

7. **Treuenbrietzen** (PM),
an der B 2

Am »Rande« von Treuenbrietzen liegt auf dem Bürgersteig in der Berliner Straße ein Büttelstein, der sich außerhalb der Stadtmauer befand. Seit dem Mittelalter wurden aus der Stadt verwiesene Straffällige zum Büttelstein geführt, in den man einen Holzstab steckte, den die Sünder anzufassen hatten. So lange sie um den Stein herum laufen mussten, konnten sie von jedermann geschlagen werden. Der Büttel war ein Gerichtsbote, der zu den niederen Vollstreckungsbeamten gehörte, aber auch Todesurteile vollstrecken durfte.

Abb. 7
Büttelstein,
Berliner Straße
Nr. 7

Vorbemerkungen zu den Abbildungen 8–14

Zu den bekanntesten Familien in der Mark gehören die Quitzows. 1295 wurden sie zum ersten Mal erwähnt. Um 1370 befand sich Köne v. Quitzow mit seinen Söhnen Dietrich (*1366) und Johann (*1370) in Quitzöbel. Die benachbarte Vetternschaft saß auf den Stammsitzen in Kletzke, Stavenow, Eldenburg, Rühstädt und Quitzow (hier jedoch nur bis zum Ende des 14. Jhs.). 1395 starb Köne. Seine Söhne wurden durch Heirat mit den Schenks auf Landsberg (Schloss Teupitz) und den Bredows (Verweser der Mittelmark) verwandt; sie gewannen an Einfluss und Bedeutung. In der so genannten »Quitzowzeit« – d. h. von 1400 bis 1410 – liegt der Höhepunkt ihrer Macht, die sie durch Erwerbungen, Eroberungen, Plünderungen und Lösegelderpressungen unterstrichen. Neben den Stammsitzen in der Prignitz gehörten ihnen die Schlösser: Teupitz, Kremmen, Neustadt an der D., Bötzow (Oranienburg), Plaue an der Havel, Saarmund, Köpenick, Friesack, Hohenwalde und Schloss Beuthen sowie Stadt Strausberg und Stadt Rathenow. Friedrich Burggraf zu Nürnberg bereitete ihrem Treiben ein Ende.

8. **Wilhelmsdorf/Mahlenzien** (BRB),
südl. der Stadt, westl. der A 2

Nach dem Tode des Markgrafen J. von Mähren nahm Kaiser Sigismund die Mark wieder in Besitz und ernannte Friedrich VI., Burggraf zu Nürnberg, zu ihrem obersten Verweser und Hauptmann. An einem Waldweg zwischen Wilhelmsdorf und Mahlenzien befindet sich ein großer Findlingsblock, der »Hohenzollernstein«, der an die Ankunft des Burggrafen aus dem schwäbischen Hause Hohenzollern erinnert und 1999 wieder aufgestellt wurde.

Abb. 8
Auf dieser Straße zog Burggraf Friedrich von Nürnberg als erster Hohenzoller am 21./22. Juni 1412 in die Mark Brandenburg

9. **Kremmen** (OHV),
Straße nach Sommerfeld, nahe der B 273

Dietrich und Johann von Quitzow verweigerten dem Burggrafen Friedrich (vgl. Text zu Abb. 8) die Huldigung und ermunterten die Pommernherzöge, in die Mark einzudringen. Am 24. Oktober 1412 kam es zur »Schlacht« am Kremmener Damm. Das Rhinluch bei Kremmen bildete mit seinen Wasserläufen und Torfwiesen ein nahezu unpassierbares Gelände. Nur bei Kremmen, das wie eine Insel im Moorgebiet lag, und bei Fehrbellin konnte es überquert werden. Der so genannte Kremmener Damm, gebaut aus Knüppeln, Stämmen und aufgeschütteter Erde, war seit altersher von strategischer Bedeutung; um ihn wurde wiederholt in kleineren Schlachten gerungen. 1334

kämpften hier die Brandenburger unter Ludwig dem Älteren und dem Grafen Günther v. Ruppin gegen die Pommern. Knapp 80 Jahre später, am 24. Oktober 1412, versuchten die Pommern erneut, jedoch erfolglos, diesmal unter den Herzögen Otto und Kasimir, nach Brandenburg einzudringen. Zur Erinnerung an den während des Kampfes 1412 gefallenen Ritter, Johannes Graf zu Hohenlohe, ließ Friedrich I. (der Burggraf) für den ihm Nahestehenden ein später mehrfach erneuertes Holzkreuz setzen. 1845 wurde auf Geheiß Friedrich Wilhelms IV. dort ein gotisch stilisiertes Kreuz aus hellem Sandstein errichtet. Ein Epitaph für J. z. Hohenlohe aus dem Jahre 1412 (Öl auf Holz) befindet sich in der Dorfkirche von Buckow (Berlin).

Abb. 9
Denkmal für Johannes Graf zu Hohenlohe

Abb. 9
Im Jahre des Herrn 1412, d. 24. Oct. am St. Columbani Tage, fiel hier der edle Herr Johannes Graf zu Hohenlohe. Friedrich I. Markgraf v. Brandenburg. d. H. R. Reicherzkämmerer u. Kurfürst setzte zu seinem Andenken ein hölzernes Kreuz, welches 1666 zuerst, dann 1796 erneuert. A. 1845 aus Stein neu errichtet wurde durch Friedrich Wilhelm IV. König von Preußen.

Abb. 10
Bronzestandbild des Kurfürsten Friedrich I. von 1894

10. **Friesack** (HVL),
n.-westl. von Nauen, an der B 5

Nach dem verlorenen Kampf am Kremmener Damm (Abb. 9) machten sich die Quitzows, um ihre Macht zu demonstrieren, durch Raubzüge und Wegelagerei bemerkbar. Um 1200 hatte man in Friesack – zur Sicherung der Übergänge über das Luch – eine Burg auf einer künstlich angelegten Höhe am Eingang der Stadt angelegt. 1409 ging sie in den Besitz Dietrichs von Quitzow über. Im Jahre 1414 nahm Burggraf Friedrich von Hohenzollern den Kampf gegen die Quitzows auf. Mit der »Großen Büchse« – die pro Tag nur drei etwa 150 kg schwere Steinkugeln verschießen konnte und deshalb auch den Namen »Faule Grete« trug – zerstörte er vom Mühlenberg aus die Burg und eroberte sie. Alle Besitzungen wurden den Quitzows abgenommen. Dietrich v. Quitzow musste fliehen. Johann v. Quitzow erhielt vor dem Tode Dietrichs 1416 in Neubelehnung Lenzen, Quitzöbel und Kletzke. Er starb 1437. Nach 1440 hatten die Quitzows keine politische Bedeutung mehr. 1891 führten Friesacks Bürger Ernst v. Wildenbruchs Schauspiel »Die Quitzows« auf. Der Erlös wurde einem Fonds zur Errichtung eines Denkmals für den ersten Hohenzollern, Kurfürst Friedrich I. (1417–1440) zugeführt.

Auf dem Mühlenberg befand sich – auf hohem Granitsockel mit Blick auf die Stadt – das Bronzestandbild des Kurfürsten, entworfen von Calandrelli, eingeweiht (1894) von Kaiser Wilhelm II. Es wurde beseitigt. Im Jahre 2002 stellte man an dieser Stelle zum 675-jährigen Stadtjubiläum ein provisorisches Standbild Friedrichs I. wieder auf den restaurierten Granitsockel.
Foto: Heimatmuseum Friesack

11. **Legde** (PR),
n.-westl. von Havelberg

Hier begegnen wir Dietrich von Quitzow – sie hießen fast alle Dietrich – aus Rühstädt, der 1593 von Landsknechten, die er wegen ihrer Räubereien zur Rede stellte, erschlagen wurde. Mitten im Dorf, an der Stelle, wo der Mord verübt wurde, steht ein Denkmal aus Sandstein.

Dieses Denkmal entspricht dem Marmor-Alabaster-Epitaph, das sich – ebenso wie die Epitaphe weiterer Familienmitglieder – in der Kirche von **Rühstädt** (PR, n.-westl. v. Havelberg, nahe der Elbe) befindet.

Abb. 11 Quitzowdenkmal in Legde

12. **Eldenburg** (PR),
n.-westl. von Lenzen, nahe der B 195

Mit dem Begriff der »Judenklemme« beziehungsweise des »Quitzowstuhls« sind die Eldenburger Quitzows verbunden. In dem so genannten »Quitzow Turm«, zur Hofan-

lage des ehemaligen Herrenhauses gehörend, befindet sich die um 1520 von Kuno (oder Georg?) von Quitzow, genannt der Judenklemmer, nach spanischem Vorbild eingerichtete Folterkammer.

In die Klemme kamen die durch das Eldebruch an Eldenburg vorbeiziehenden Juden, die gefoltert wurden, entrichteten sie nicht freiwillig »Wegezoll«. Sie mussten sich auf ein hufeisenförmiges Eisen setzen, Hals, Arme sowie Bauch wurden in Eisen gelegt.

Abb.12
»Judenklemme«

13. **Kletzke** (PR),
nördl. von Havelberg, n.-östl. von Bad Wilsnack

Eine wichtige Handelsstraße führte von Berlin nach Hamburg an Kletzke vorbei, wo die Quitzows eine Wasserburg besaßen. Reste dieses Renaissancebaus aus dem Beginn des 16. Jhs. sind erhalten. Zwei Grabplatten aus Sandstein beiderseits des Kirchenportals erinnern an die Quitzows.

Abb. 13
Grabplatte (li. der Kirchentür) *für Christopher v. Quitzow († 1580)*

Die Grabplatte (re. der Kirchentür) *ist für Achatz v. Quitzow († 1605) und seine Frau* R. *von Münchhausen* (ohne Abb.).

In der Kirche von **Kuhsdorf** (PR, südl. v. Pritzwalk) wird in Form einer Glasmalerei aus der 2. Hälfte des 13. Jhs. an einen Quitzow namens Konrad und dessen Frau (?) Margarethe, erinnert.
(Flügge, M., S. 160).

Abb. 13
Grabplatte für Christopher v. Quitzow

14. **Belzig** (PM),
an der B 102

In Belzig werden wir in die beginnende Reformationszeit geführt. Über dem Schlussstein des Portals der Marienkirche befindet sich ein Stein mit einer Inschrift.

Auf das Leben und Wirken Luthers, das als allgemein bekannt gelten darf, wird nicht näher eingegangen.

Abb. 14
Hier predigte Luther am 14. Januar 1539

15. **Treuenbrietzen** (PM), an der B 2

»Martin Chemnitz, geb. am 10. Oktober 1522 als Sohn eines Tuchmachermeisters in Treuenbrietzen, studierte nach einer Tuchmacherlehre in Frankfurt/O. und Wittenberg. Dort machte er die Bekanntschaft Melanchthons. Kurze Zeit war er Magister der Universität in Königsberg und Hofbibliothekar. Zum Ehrendoktor der protestantischen Theologie ernannt, ging er 1554 nach Braunschweig, wurde dort Generalsuperintendent, Oberpfarrer und Mitglied des Konsistoriums.

Maßgeblichen Anteil hatte er an der Ausarbeitung der Klosterberger Konkordienformel, die zur Vereinigung der evangelischen Kirchen Sachsens, Brandenburgs und der Pfalz gegen den vordringenden Jesuitenorden führte. Die Jesuiten bezeichneten ihn als den zweiten Martin der lutherischen Kirche. Am 8. April 1586 starb er in Braunschweig, wo er auch beigesetzt ist.«

Lit.: Heimatmuseum Treuenbrietzen

Abb. 15
Dem Sohne unserer Stadt D. Martin Chemnitz 1522–1586. Er kämpfte für Luthers Lehre.

Vorbemerkungen zu den Abbildungen 16, 17

Ungeachtet der Bauernkriege und Wirren der Reformationszeit waren das 16. Jahrhundert und auch der Anfang des 17. Jahrhunderts reich an kulturellem Leben. Als Beispiele für Glasmalerei und plastische Kunst in der Mark Brandenburg sind exemplarisch Ringenwalde und Ketzür ausgewählt.

16. **Ringenwalde** (UM),
s.-östl. von Templin, zwischen der B 109 und A 10

Abb. 16
(Mittlerer Teil)
Joachim Lugtmann Herr Du bist meine Stärke und Kraft und meine Zuflucht in der Not

In der Kirche befindet sich ein dreiteiliges Fenster mit Glasmalereien aus dem Jahre 1599 und Szenen aus dem Alten Testament. Alle drei Fensterteile, etwa 40 cm x 50 cm groß, tragen Inschriften:
(Oberer Teil)
Jochim Schultz. Der Schnider. Renoviert 1886 anno domini vom königlichen Institut für Glasmalerei Berlin Charlottenburg
(Unterer Teil)
Mattäus Schultz. Anno – gemalt 1599 – Domini

17. **Ketzür** (HVL),
n.-östl. von Brandenburg

Von 1611 bis 1613 schuf hier der Bildhauer Chr. Dehne aus Magdeburg ein Epitaph für Heino von Brösicke, Domherr zu Magdeburg († 1609), das als *»Hauptbeispiel manieristischer Grabmalplastik in der Mark«* (Dehio, S. 503) anzusehen ist. An der Nordwand der Kirche steht auf einer Sandsteinplatte, unter der sich eine Inschrift für Heino von Brösicke befindet, das aus Sandstein, Marmor und Alabaster geschaffene Epitaph für Heino und seine Familienmitglieder.

Abb. 17
Epitaph (Detail aus der linken Personengruppe)

Weitere Arbeiten Dehnes befinden sich in der Kirche von **Nennhausen** (HVL) für Georg von Lochow (1614) und dessen Ehefrau Agnes Werder, sowie in der Kirche von **Stölln** (HVL) für die Familie von der Hagen (um 1620).

Denkmale aus der Zeit Georg Wilhelms, Kurfürst v. Brandenburg (1619–1640)

Abbildungen 18–24

Georg Wilhelm, Kurfürst von Brandenburg (1619–1640), nahm von 1631 bis 1635 am Dreißigjährigen Krieg (1618–1648) teil (Abb. 18, 19). Als er sich nach Königsberg zurückzog, hinterließ er ein verwüstetes Land.

Die Kriegsauswirkungen trafen vor allem die Landbevölkerung, denn die Versorgung der Landsknechte und umherstreifenden Banden erfolgte überwiegend durch Raub der Vorräte und des Viehs der Bauern. Die Plünderungen gingen mit Mord und Zerstörungen einher. Um Geld oder Lebensmittel zu erpressen, bedienten sich die Söldnerscharen unter anderem des *»Schwedentrunks«* (Abb. 20). Die Menschen flohen mit ihrem Vieh und geringer Habe in die Wälder oder auf die Schwemmlandinseln in den Sümpfen (Abb. 20, 21). Bei ihrer Rückkehr fanden sie die Felder verwüstet, Häuser und Stallungen waren abgebrannt. Hungersnöte und Krankheiten, vor allem die Pest, breiteten sich aus. Vierzig Prozent der ländlichen Bevölkerung fielen durch Hunger und Seuchen dem Krieg zum Opfer (Abb. 22). Es folgte ein moralischer Niedergang, so, wie ihn Andreas Gryphius in seinem Gedicht *»Tränen des Vaterlandes«* beschrieben hat: *»... doch schweig ich noch von dem, was ärger als der Tod, was grimmer denn die Pest und Glut und Hungersnot, daß auch der Seelen Schatz so vielen abgezwungen.«*

Andererseits darf nicht übersehen werden, dass in dieser Zeit die Barockdichtung und vor allem die Kirchenliederdichtung einen Höhepunkt erreichten. Sie sind mit den Namen Martin Opitz (1597–1639), Simon Dach (1605–1659), Paul Gerhardt (1607–1676), Paul Fleming (1609–1640), Andreas Gryphius (1616–1664) und vielen anderen verbunden. In den Kirchen, bei den Pfarrherren und mit dem Kirchenlied (Abb. 23) suchten die Ausgeplünderten Schutz und die Erfüllung ihrer Friedenssehnsucht.

Nach Kriegsende (1648) begann der Wiederaufbau des Landes. Das Zunftwesen wurde verändert, Manufakturen eingerichtet, das Straßennetz verbessert. Mit Hilfe italienischer Ingenieure baute man Kanäle, zum Beispiel den Oder-Spree-Kanal (Abb. 24); mit ihm waren Oder, Spree und Elbe sowie gleichzeitig auch Ost- und Nordsee verbunden. Eine Brandenburgisch-Afrikanische Kompanie wurde gegründet.

Im Gegensatz zu einem langsamen wirtschaftlichen Aufschwung verschlechterte sich die Lage der Bauern durch verstärkte Abhängigkeit von den Grundherren und durch die damit verbundenen Lasten.

18. **Schwedt** (UM),
nahe Heinrichslust, an der B 2 Richtg. Vierraden

Gustav Adolf (1594–1632), Sohn Karls IX. und der Christine von Holstein, bestieg 1611 den Thron. Es gelang ihm, mit Dänen und Russen Frieden zu schließen. Als die Polen seine Friedensanträge zurückwiesen, landete er 1621 mit 20 000 Mann an der Mündung der Düna und eroberte in einem neunjährigen Krieg Estland, Livland, Kurland und die deutschen Städte Memel, Pillau, Braunsberg und Elbing. Damit hatte er die Vorherrschaft über die Ostsee fast erreicht. Dann wandte sich Gustav Adolf Deutschland zu, um den protestantischen Glaubensbrüdern zu Hilfe zu eilen, wenngleich seine politischen Motive im Vordergrund standen.

Abb. 18
Gustav Adolf
gefertigt v. B. Chr. 1930

Am 04. Juli 1630 landete Gustav Adolf mit 13 000 Mann auf der Insel Usedom, besetzte Wollin, Rügen, die Stadt Stettin und vertrieb die kaiserlichen Garnisonen aus den Städten Mecklenburgs und Pommerns. Um Tilly von der Eroberung Magdeburgs abzuhalten, nahm Gustav Adolf 1631 Kolberg und Frankfurt/ O. ein und befreite die Städte von den »Kaiserlichen«. Im Zusammenhang mit diesen Ereignissen und in Erinnerung an das im März 1631 von Gustav Adolf zwischen Schwedt und Vierraden angelegte feste Lager, von dem aus Banér 1637 Schwedt einnahm (Spuren der so genannten »Schwedenschanze« waren bis nach 1930 zu finden), wurde am

Ortsausgang der Stadt nahe Heinrichslust vom »Schwedischen Dahlberg Gustav Adolf Fonds« zum 300-jährigen Jubiläum eine Bronze-Reliefbüste Gustav Adolfs in einen Findling eingelegt und aufgestellt.

Magdeburg wurde doch erobert und zerstört. Der Kurfürst nahm an der Seite der Schweden den Kampf gegen die Kaiserlichen auf und vereinigte am 15. September 1631 sein Heer mit dem schwedischen bei Düben (vgl. Text zu Abb. 19). Nahe Breitenbach errang Gustav Adolf am 17. September einen bedeutenden Sieg.

19. **Riedebeck** (LDS),
südl. von Luckau, an der
B 96, südl. Ortsausgang

Abb. 19
Hier lagerte König Gustav Adolf von Schweden mit seinem Heer im Jahre 1631

Gustav Adolf, aus Richtung Frankfurt/O. kommend (vgl. Text zu Abb. 18), lagerte hier um den 15. September 1631 mit seinen Truppen. Ein großer Findling direkt neben der Straße erinnert an dieses Ereignis.

Die Kaiserlichen hatten Norddeutschland verlassen. Gustav Adolf befreite Süddeutschland und versuchte erfolglos, Wallensteins Lager bei Nürnberg zu erstürmen. Am 16. November 1632 kam es bei Lützen zu einem schweren Gefecht, in dessen Verlauf Gustav Adolf getötet wurde. Den Protestanten fehlte nunmehr die Führung, die Kräfte wurden zersplittert und ein zielloser Kampf habgieriger Söldnerführer begann. Kaiserliche und schwedische Truppen verwüsteten Deutschland.

20. **Paplitz** (TF),
bei Baruth, nahe der B 96

Überall, wo die Natur es erlaubte, flohen die Menschen vor den raubenden und mordenden Banden des Dreißigjährigen Krieges in abgelegene Wälder und auf Schwemmlandinseln inmitten von Sumpfgebieten, die nur Einheimischen bekannt waren (vgl. Text zu Abb. 21). Durch die jahrelangen Verheerungen auf den Feldern fehlte es an

Nahrungsmitteln. *»Niemand war sicher und in Vermögen«*, heißt es in der Vogelschen Chronik der Stadt Leipzig zu den Jahren 1637/1638, *»die Felder zu bestellen. Was bestellet war, nahmen die Fouragiere weg oder es ward von den streifenden Truppen verderbet.«* Es sei vorgekommen, *»daß auch oftmals die Reuter sowohl als Musquetirer, wan immer 10 oder 12 Tagen keinen Bissen Brot gehapt, mit deren ahn der abscheulichen Seuchen gestorbener Pferden Schindtfleisch sich gespeiset ...«*. (Abel, W., S. 273 ff). Um auch noch das Letzte aus den Landbewohnern herauszupressen, bedienten sich die marodierenden und Hunger leidenden Soldaten grausamer Methoden. Ein Kreuz in der Kirche von Paplitz – ursprünglich auf dem Friedhof aufgestellt – erinnert an diese Zeit.

1636 hatten sich die Bewohner von Paplitz vor der schwedischen Soldateska auf die »Langehorst« gerettet. Nur ihr Pfarrer, Johanes Hanisius, harrte in der Kirche aus. Als die Banden begannen, die Häuser des Dorfes und auch das Pfarrhaus zu zerstören, trat der Pfarrer den Schweden entgegen. Da diese keine Beute fanden und der Pfarrer sich weigerte, das Versteck der Dorfbewohner preiszugeben, flößten sie ihm den »Schwedentrunk« ein, an dem er wenig später verstarb.

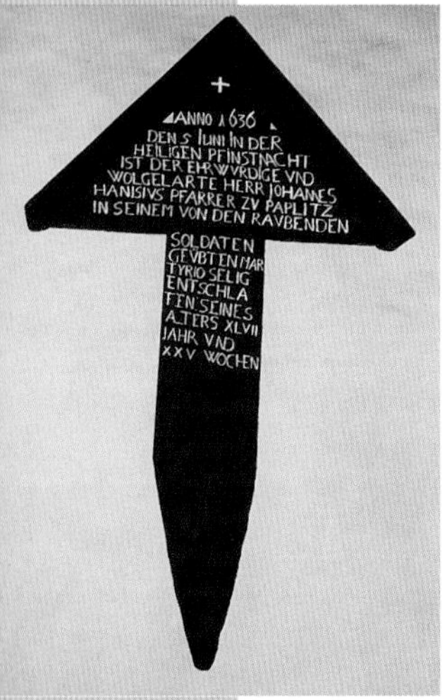

Abb. 20
Kreuz in der Kirche von Paplitz

Abb. 20
ANNO 1636, DEN 5. JUNI IN DER HEILIGEN PFINSTNACHT IST DER EHRWURDIGE UND WOLGELARTE HERR JOHANES HANISIUS PFARRER ZU PAPLITZ IN SEINEM VON DEN RAUBENDEN SOLDATEN GEÜBTEN MARTYRIO SELIG ENTSCHLAFEN: SEINES ALTERS XLVII JAHR UND XXV WOCHEN.

21. **Wussegk** bei Schlepzig (LDS),
nördl. von Lübben, nahe der B 179, Restaurant »Müggenburg«

Auch die Bevölkerung des Spreewaldes versuchte – ähnlich den Bewohnern von Paplitz (vgl. Text zu Abb. 20) – während des Dreißigjährigen Krieges, den Greueln durch

Flucht auf die schwer zugänglichen Inseln und Schwemmlandgebiete zu entkommen. Auf einer dieser abgeschiedenen Stellen des Unterspreewaldes, auf dem so genannten Wussegk nahe Schlepzig – wo im Dreißigjährigen Krieg wegen der Zerstörung Lübbens die Niederlausitzer Stände tagten – erinnern zwei Gedenksteine an diese Zeit. Hierhin führte Georg Hutten, Pfarrer und später »Generalsuperintendent« in Lübben, seine kleine Gemeinde, um von 1643 bis 1645 seiner seelsorgerischen Arbeit nachzugehen. Mit großer Wahrscheinlichkeit wurden auf Wussek eine kleine provisorische Kirche und Wohngebäude errichtet. Ein nach 1990 errichtetes Denkmal aus Granit trägt zwei Inschriften.

Abb. 21 Johann Georg Hutten geboren zu Guben den 24. Juni 1615 gestorben zu Lübben den 7. Februar 1683

(Auf der Rückseite des Steines)
Hier auf Wussegk hielt in großer Kriegsdrangsal 1643–1645 Johann Georg Hutten, erster Generalsuperintendent des Markgrafentums Niederlausitz, für die Stände und die deutsche Gemeinde aus Lübben, welche zahlreich in den Spreewald geflüchtet, evangelischen Gottesdienst.

Auf dem alten Sandsteindenkmal, dem »Wussegkstein«, der neben dem neuen Stein steht, wird der gleichlautende, fast völlig verwitterte Text weitergeführt:
Ps. 5,12 den opferwilligen Vätern, den treuen Bekennern des heiligen Evangeliums in Dankbarkeit gewidmet. Die Kirchengemeinde Schlepzig 1904.

22. **Frankenfelde** (MOL),
südl. von Bad Freienwalde, westl. der A 167

In der Kirche erinnert das so genannte »Frankenfelder Pestfenster« an die Schrecken der Pest, die bereits vor dem Dreißigjährigen Krieg in Brandenburg wütete.

Abb. 22
Anno 1598 seind zu franckenfelde neuntzig personen an der pest gestorben welchen allen got der allmechtige am jüngsten Tage eine fröliche Auferstehung zum ewigen Leben verleih wolle umb seines lieben sons Jesu Christi willen. amen

Aus Kunersdorf (vgl. Abb. 45) berichtet das Kirchenbuch 1638: Pfarrer Martin Lehmann vermerkt, dass *»1638 alles nach den Brüchen geflüchtet, dass ansteckende Säuchen und die Pest damals hier graßieret und daß die Verstorbenen haufenweise hinter den Häusern in den Gärten nur bloß eingescharret wurden«* (Fördergesellschaft ..., S. 46).

Abb. 22
Frankenfelder Pestfenster

23. **Lübben** (LDS),
an der Kreuzung B 87, B 320, B 115

Paul Gerhardt, einer der bekanntesten Barock-Kirchenlieder Dichter, schrieb etwa 140 geistliche Lieder. Er begann 1628 das Studium der Theologie in Wittenberg, hatte von 1651 bis 1657 eine erste Pfarrstelle als Probst in Mittenwalde inne und war anschließend in Berlin an der Nicolaikirche tätig. Da Gerhardt die vom Großen Kurfürsten befürwortete Evangelische Union ablehnte, musste er als orthodoxer Lutheraner 1666 von seinem Amt zurücktreten. Ein Jahr später erschienen in Berlin seine »Geistliche Andachten, bestehend in hundert und zwanzig Liedern«. 1669 wurde er Archidiaconus im sächsisch-merseburgischen Lübben, wo er am 27. Mai 1676 verstarb. Im Gedenken an ihn steht vor der Paul-Gerhardt-Kirche seit 1907 ein Bronzestandbild, entworfen von Fr. Pfannschmidt und in Lauchhammer gegossen.

Abb. 23
Paul Gerhardt
1607–1676.

Abb. 23
BEFIEHL DU DEINE WEGE UND WAS DEIN HERZE KRÄNKT DER ALLERTREUSTEN PFLEGE, DES DER DEN HIMMEL LENKT. DER WOLKEN LUFT UND WINDEN GIBT WEGE LAUF UND BAHN DER WIRD AUCH WEGE FINDEN DA DEIN FUSS GEHEN KANN

Auf der Rückseite des Bronzestandbildes, zusätzlich mit einem Kanonenrohr und Ähren geschmückt, steht der auf das Ende des Dreißigjährigen Krieges bezogene Vers:

GOTTLOB NUN IST ERSCHOLLEN DAS EDLE FRIED- UND FREUDENWORT DASS NUNMEHR RUHEN SOLLEN DIE SPIESS UND SCHWERTER UND IHR MORD WOHLAUF UND NIMM NUN WIEDER DEIN SAITENSPIEL HERVOR O DEUTSCHLAND UND SING LIEDER IM HOHEN VOLLEN CHOR.

24. **Brieskow-Finkenherd** (LOS),
südl. von Frankfurt (O.), an der B 112

Zwei große Wasserstraßen verbanden Berlin mit der Oder. **Östlich** von Berlin der **Müllroser-Kanal**, später Großer Graben und dann **Friedrich-Wilhelm-Kanal** genannt, der bis 1945 bedingt und nach der Sprengung von Schleusenanlagen nicht mehr genutzt werden konnte.

Bereits Kaiser Karl IV. (1347–1378) hatte die Absicht, Böhmen, Mähren und Schlesien zur Verbesserung und Verkürzung der Handelswege durch eine Wasserstraße mit der Mark Brandenburg zu verbinden; aus bautechnischen Gründen konnte sein Vorhaben nicht verwirklicht werden. Etwa 200 Jahre später wurde dieser Plan im Vertrag von Müllrose erneut aufgenommen. Am 01. Juli 1558 verpflichteten sich Kaiser Ferdinand I. und der Hohenzollernkurfürst Joachim II. zum Bau des Kanals. Erster hatte es übernommen, den westlichen Abschnitt von der Drahendorfer Spree – die in den Wergensee mündet (Neubrück) – bis Müllrose, letzterer den östlichen Teil bis zur Oder – unter Einbeziehung der alten Schlaube – von Müllrose bis Brieskower See (Brieskow) fertig zu stellen. 1564 hatte Kaiser Ferdinand seinen 10 km langen Abschnitt fertig gestellt, Joachim II. konnte nur wenige Kanalkilometer vorweisen. Nach dem Dreißigjährigen Krieg ließ Friedrich Wilhelm, später der Große Kurfürst, die Arbeiten am Kanal durch Philipp de Chiéze fortführen.

Eine Steinplatte (in Restauration) am Schleusenmeisterhaus von Brieskow erinnert daran: *Dies Werk war Schlechtes Holz Nun ist es Fester Stein. Was Friedrich Wilhelm macht Das muß beständig seyn Anno MDCCXXI.*

Im August 1668 wurde der 23 km lange Kanal eingeweiht. Er ist an der Sohle 11,30 m, am Wasserspiegel fast 19 m breit und 1,90 m tief. Lasten bis zu 7 Tonnen können befördert werden. 1669 fuhren die ersten fünf Oderkähne von Schlesien nach Berlin; sie wurden getreidelt und erreichten die Stadt nach 20 Tagen. Ein Höhenunterschied von 40 Metern wurde mit der modernsten, aus Holland übernommenen, Schleusentechnik überwunden.

Zwei weitere Denkmale erinnern an den Kanal: der Neubau der Schleuse bei Brieskow (1828) und ein Gedächtnisstein aus dem Jahre 1869. Auf der Rückseite des Steines sind die Jahre und Orte angegeben, in denen die Schleusen erneuert wurden.

Um Schiffe mit größerer Tragfähigkeit aufnehmen zu können, wurde von 1887 bis 1890 der **Oder-Spree-Kanal** erbaut.

Nördlich von Berlin verband der **Finowkanal**, beziehungsweise **Oder-Havel-Kanal**, die Stadt mit der Oder. Der Finowkanal – die alte Wasserstraße im Thorn-Eberswalder-Urstromtal – verläuft von Hohensaaten bis Liepe (Alte Oder) über Eberswalde, Finowfurt bis Zerpenschleuse und weiter nach Oranienburg/Friedrichsthal. Der Kanal wurde bereits unter Kurfürst Joachim Friedrich angelegt (1605–1608), verfiel aber im Dreißigjährigen Krieg. Von 1744 bis 1746 ließ Friedrich II. die Strecke von Zerpenschleuse bis Eberswalde, danach die bis Liepe beziehungsweise Liebenwalde wieder herstellen. In den Siebziger Jahren des 19. Jahrhunderts wurde der Kanal mit 16 Doppelschleusen weiter ausgebaut (für Schiffe mit einer Tragfähigkeit bis 180 Tonnen). Ein Großschifffahrtsweg, der Oder-Havel-Kanal (Berlin–Stettin) – unter Benutzung vorhandener Kanalabschnitte – wurde von 1908 an gebaut (33 m breit, für Schiffe mit 600 Tonnen Tragfähigkeit) mit entsprechenden Schleusen, vor allem der berühmten, jetzt stillgelegten Lieper Treppenschleuse, die sich über einen Kilometer ausdehnte und durch den Bau des Niederfinower Schiffshebewerkes abgelöst wurde. Nach Fertigstellung des Großschifffahrtsweges 1914 verloren die Reste des Finowkanals ihre Bedeutung.

Abb. 24
Zum Gedächtnis des 200-jährigen Bestehens des Friedrich-Wilhelm-Canals errichtet im Jahre 1869

Denkmale aus der Zeit Friedrich Wilhelms, der Große Kurfürst (1640–1688)

Abbildungen 25–31

Friedrich Wilhelm, später der »Große Kurfürst« genannt (1640–1688), schloss 1641 einen Waffenstillstand mit den Schweden und vermählte sich im gleichen Jahr mit Louise Henriette von Oranien (Abb. 25). Am Reichskrieg gegen Frankreich beteiligte er sich 1674 und verursachte dadurch den Einfall der Schweden in die Uckermark und in Brandenburg. Am 28. Juni schlug er sie in der Schlacht von Fehrbellin (Abb. 26–29).

1685 erließ er das Edikt von Potsdam und ermöglichte die Einwanderung von Pfälzern, Salzburgern, Waldensern und Hugenotten in die Mark Brandenburg (Abb. 30); insgesamt kamen etwa 20 000 Zuwanderer. Sie brachten ihre Fähigkeiten und ihren Fleiß in das Land. Mit Hilfe von Holländern ließ der Große Kurfürst staatliche Mustergüter, so genannte Holländereien, errichten, in denen die Milchwirtschaft (besonders die Herstellung von Butter), der Gartenbau und die Viehzucht intensiv betrieben wurden. Einer der berühmten Holländer, die er holte, war Gysel van Lyr (Abb. 31).

Friedrich Wilhelm I., der »Soldatenkönig«, führte diese Holländereien und die Urbarmachung von Sumpfgebieten, zum Beispiel die Entwässerung des Havelländischen Luchs, fort (vgl. Text zu Abb. 35). In Brandenburg erinnern an die Imigranten sowohl Familiennamen als auch die Namen der Dörfer, wie Beauregard (MOL), Vevais (MOL) und Croustillier (MOL).

25. **Oranienburg** (OHV),
nördl. von Berlin, an der B 96

Louise Henriette (1627–1667), Tochter des Prinzen Friedrich Heinrich von Oranien, vermählte sich 1646 mit dem Großen Kurfürsten Friedrich Wilhelm, der ihr Bötzow zum Geschenk machte, das sie in Oranienburg umtaufen ließ. Johann Gregor Memhardt baute in ihrem Auftrag an der Stelle des damaligen Jagdhauses von Joachim II. in den Jahren von 1651 bis 1655 ein Wasserschloss und ließ einen Park anlegen.

Nach dem 30-jährigen Krieg war die Landbevölkerung durch die Kriegswirren entweder umgekommen oder geflüchtet. Die wenigen verbliebenen Landarbeiter/-innen forderten das Zehnfache der vor dem Krieg gezahlten Löhne. Sie brachten Bauern und Adlige in große Bedrängnis. Im Juli 1647 berichten die Niederlausitzer Stände, *»... deren Güter teils elendig verödet und wüste, teils im Feuer und Rauch jämmerlich aufgegangen, daß viele von Adel bei dieser schweren Continuation der Monatsgelder das ihrige entweder stehenlassen und davongehen oder, weil die Mittel bei ihnen nicht, Gesinde zu halten, die Arbeit selbst verrichten und, damit nur ihren kümmerlichen Unterhalt sie haben mögen, nebst ihren Kindern pflügen, eggen und mit eigener Hand etwas vom Acker beschicken, ja, damit sie das liebe Brot erlangen, mit Schubkarren fahren und doch daneben mit Brot und Wasser sich behelfen müssen, zu geschweigen der armen notleidenden Witwen.«* (Abel, W., S. 273 ff.).

Um wenigstens das nackte Leben zu retten, wurden Grund, Boden und andere Vermögenswerte verschleudert; Äcker *»für einen Butterweck«*, Häuser *»für zwei Laib Brot«* weggeben (Hutsdorfer Pfarrchronik) (Abel, W. S. 273 ff.). Nur durch die Politik der *»Peuplierung«*, der Wiederansiedlung von Bauern, Landarbeitern und Kolonisten konnte der völlige Verfall und Untergang der Landwirtschaft verhindert werden. Mit materiellen Hilfen versuchten die brandenburgisch-preußischen Fürsten und Könige, die Landwirtschaft aus der Depression herauszuführen und den Wiederaufbau zu fördern. Auch Louise Henriette bemühte sich – besonders in der südlich von Liebenberg und nördlich von Oranienburg gelegenen Neuholländer Region – um die Urbarmachung des Landes und die allgemeine Wiederbelebung der Landwirtschaft. Ihre Aktivitäten und Erfolge fallen vor allem in die Jahre zwischen 1652 und 1667. Sie sind mit dem Begriff der *»Oranienburger Ökonomie«* verbunden und beinhalten:

– den Ankauf von Rittergütern, Vorwerken u. Kirchlehen zur Aufteilung an »fleißige Wirthe«
– die Verpachtung wüster Hausstellen und Höfe
– die Zusammenarbeit mit einer niederländischen Kolonistengesellschaft zur Einführung der holländischen Wirtschaftsweise
– die Vergabe zinsgünstiger Darlehen mit »Sechs Freijahren« zur Anschaffung von Vieh und Baumaterial
– finanzielle Zuschüsse bei der Melioration von Wiesen und Weideland

– den Aufbau einer *»Musterwirtschaft«* mit Molkerei und Schäferei, Brau-, Darr-, Malz- und Backhaus sowie einer Hopfengärtnerei in Oranienburg
– die Kontrolle der Wirtschaftsrechnungen verpachteter Höfe
– die Minderung der Pachtbeträge bei Missernten.

Mittelpunkt der Neuholländer Region war der Ort **Neuholland** (OHV), dessen landwirtschaftlicher Schwerpunkt auf Viehzucht und Molkerei ausgerichtet war (noch heute befindet sich hier ein um 1830 errichtetes Käsehaus). Vor dem Schloss Oranienburg steht das 1999 wieder hergestellte Denkmal für Louise Henriette.

Abb. 25
Louise Henriette – Churfürstin v. Brandenburg

Abb. 25
Der hohen Wiederbegründerin dieser Stadt – Louise Henriette – Churfürstin v. Brandenburg – geb. Prinzessin v. Oranien – zum dauernden Gedächtnis – die dankbare Bürgerschaft Oranienburgs – 1858
Lit.: VSQ Liebenberg e. V., 1996; Abel, W.

26, 27. **Hakenberg** (OPR),
südl. von Fehrbellin, östl. der A 24

»In Staub mit allen Feinden Brandenburgs« (aus »Prinz Friedrich von Homburg« von H. v. Kleist). Um den französischen Raubzügen im Elsass, in Lothringen und in der Pfalz ein Ende zu setzen, brachte Kurfürst Friedrich Wilhelm im August 1674 ein Heer von über 15 000 Mann gegen die Franzosen auf. Mit dem Reichsheer, etwa 50 000 Mann stark, gelang es nicht, die Franzosen zu vertreiben. Diese ihrerseits forderten die Schweden auf, das militärisch geschwächte Brandenburg zu überfallen. Im Dezember 1674 befanden sich über 10 000 Mann schwedischer Truppen

im Raum Ruppin. Ein halbes Jahr später standen sie bei Rathenow, plünderten, raubten und brandschatzten in den Städten und auf dem Land.

Friedrich Wilhelm kehrte mit seinen Soldaten nach Brandenburg zurück. Mitte Juni erreichte er mit ca. 6 000 Reitern und 2 000 Mann Fußvolk Rathenow, schlug und vertrieb die Schweden, die in Richtung Fehrbellin zurückwichen. Am Morgen des 28. Juni traf Prinz Friedrich von Hessen-Homburg mit einer Vorhut von etwa 5 000 Reitern bei Linum auf die sich zurückziehenden Schweden und griff mit Zustimmung des Großen Kurfürsten die zahlenmäßig überlegenen Schweden an. Erst nach dem persönlichem Eingreifen des Großen Kurfürsten und Derfflingers (Abb. 29) mit der Hauptmacht der Brandenburger Reiter wichen die schwedischen Truppen nach Hakenberg aus und wurden geschlagen. Bis 1679 vertrieb Friedrich Wilhelm die Schweden aus Vorpommern und Ostpreußen. Die Schlacht von Hakenberg, später »Schlacht von Fehrbellin« genannt, erstreckte sich höchstwahrscheinlich zwischen den beiden auf diese Ereignisse hinweisenden Denkmale.

Abb. 26
Denkmal für Friedrich Wilhelm der Große

In Erinnerung an diese Schlacht ließ der bekannte Schulreformer Freiherr Friedrich Eberhardt von Rochow auf Reckahn (vgl. Text zu Abb. 50) im Jahre 1800 für 1 000 Reichstaler einen Gedenkstein errichten, der angeblich dort stehen soll, wo brandenburgische Truppen die schwedischen Linien durchbrachen. Das erneuerte Denkmal, von einem Eisengitter mit je einem Kanonenrohr in den Ecken eingerahmt (in Restaurierung), besteht aus einem Steinsockel, der eine Porphyrvase beziehungsweise -schale trägt. Die Sockelseiten tragen Inschriften.

Abb. 26

- *FRIEDRICH WILHELM DER GROSSE KAM, SAH U. SIEGTE DEN XVIII. JUNI MDCLXXV*
  (»kam, sah und siegte« steht bereits auf dem Stich des niederländischen Kupfertechers Romeyn de Hooghe (1645–1708) über die Schlacht von Fehrbellin; d. Verf.)
- *HIER LEGTEN DIE BRAVEN BRANDENBURGER DEN GRUND ZU PREUSSENS GRÖSSE DAS ANDENKEN AN DEN HELD UND SEINER GETREUEN ERNEUERT DANKBAR MIT JEDEM (TREUEN)[1] FREUNDE DES VATERLANDES FRIEDR. EBERHARD VON ROCHOW AUF REKAHN MDCCC*

(An den Seiten die Namen der an der Schlacht beteiligten Feldherren, d. Verf.)

- *VON DÖRFLINGER, VON GÖRZKE, VON GÖTZ, VON CANOWSKI, VON MOERNER UND FROBEN*
  FRIEDRICH LANDGRAF V. HESSEN,
  VON TREFFENFELD, VON STRAUSS, VON SYDOW, VON ZABELITZ

[1] Das in Klammern gesetzte Wort war vor der Erneuerung des Steines im Text enthalten; d. Verf.

In dem Gedicht »Havelland« nimmt Th. Fontane Bezug auf die Schlacht von Fehrbellin:

»Derfflinger greift an, die Schweden flieh`n, Grüß Gott dich, Tag von Fehrbellin! Grüß Gott dich, Tag, du Preußenwiege, Geburtstag und Ahnherr unserer Siege, Und Gruß dir, wo die Wiege stand, Geliebte Heimat, Havelland!«

Abb. 27
Victoria-Denkmal auf dem Kurfürstenhügel

Ein weiteres Denkmal entstand zwischen 1875 und 1879 auf dem so genannten »Kurfürstenhügel« nach Entwürfen Spiekers (Abb. 27). Es besteht aus einer 31,5 m hohen Säule (115 Stufen im Innenturm), die von einem vergoldeten knapp 4 m hohem Bronzenachguss der Victoria von Christian Daniel Rauch (gegossen in Lauchhammer) gekrönt wird. Im Sockel des Turmes befindet sich eine Reliefbüste des Großen Kurfürsten aus Carrara-Marmor, die Prof. Albert Wolff nach der Schlüterschen Kurfürstenbüste schuf. Beide Denkmale (Abb. 26,

27) sind durch eine Allee verbunden. Das Kurfürstendenkmal trägt eine eingelegte Marmortafel:

ZUR ERINNERUNG AN DEN SIEG KURFÜRST FRIEDRICH WILHELM DES GROSSEN VON BRANDENBURG FEHRBELLIN DEN 18. JUNI 1675

28. **Fehrbellin** (OPR),
an der A 24

Abb. 28
Bronzestandbild des Großen Kurfürsten

Weitere Denkmale, die an den Großen Kurfürsten erinnern, befinden sich in Fehrbellin und Rathenow. Im Kurfürstenpark von Fehrbellin steht auf einem hohen Granitsockel ein von Fritz Schaper 1901 entworfenes drei Meter hohes Bronzestandbild des Großen Kurfürsten. Im Jahre 1902 von Kaiser Wilhelm II. gestiftet, ist es eine »Kopie« des Denkmals in der Siegesallee, mit folgenden Inschriften an den Seiten:

Abb. 28

- *FRIEDRICH WILHELM GROSSER KURFÜRST 1640–1688*
- *Ich bin nicht gekommen mein Land zu verbrennen, sondern zu retten*
- *KAISER WILHELM II. DER STADT FEHRBELLIN 18. Juni 1902*
- *Wir sind Bürger von geringem Gut Und dienen unserem Kurfürsten mit Leib und Blut*

29. **Gusow** (MOL),
n.-westl. von Frankfurt (O.), an der B 167

Im Schlosspark erinnert seit 1906 ein Findlingsblock an den Geheimen Kriegsrat und Generalfeldmarschall Georg Freiherr von Derfflinger (1606–1695), der anlässlich seines 300. Geburtstages aufgestellt wurde. Derfflinger hatte den Besitz Gusow – über 1 000 Hektar – *»mit seinem durch die Waffen erworbenen Gelde«* gekauft. Sein Jahressalär betrug neben den Einnahmen aus 6 märkischen und 14 ostpreußischen Gütern 18 000 Taler. Als Kavallerieoffizier baute er die brandenburgisch-preußische Kavallerie weiter aus und entwarf deren Uniform. Er trat unter Gustav Adolf in schwedische, später in brandenburgische Dienste (vgl. Text zu Abb. 26, 27). 1674 erhielt er durch Vermittlung des Großen Kurfürsten von Kaiser Leopold I. die Würde eines Reichsfreiherrn. In der Literatur wird seiner mehrfach gedacht, so in *»Der Prinz von Homburg«* von H. v. Kleist, in den *»Wanderungen durch die Mark Brandenburg«* und in dem Roman *»Vor dem Sturm«* von Th. Fontane.

Abb. 29
Derfflinger
10. März
1606–1906.

30. **Linow** (OPR),
westl. von Rheinsberg

Im Jahre 1685 erließ der Große Kurfürst das *»Edikt von Potsdam«*, in dem den Hugenotten Aufnahme in Brandenburg bei weitgehender Eigenständigkeit in Gerichts-, Schul- und Kirchenangelegenheiten angeboten wird. Bereits 1683 hatte er sich an den Magistrat der Stadt Bern um Hilfe gewandt, da es dort *»... eine große Anzahl von Einwohnern gäbe, welche in der Wirtschaft und Viehzucht wohl erfahren seien.«* Er fragte an, ob sich *»Zehen oder Zwanzig dergleichen Familien in die Chur und Marck Brandenburg begeben möchten.«* 1684 erschienen zwei Berner Gesandte, mit denen ein Vertrag aufgesetzt wurde, der die Ansiedlungsbedingungen für Ausreisewillige festsetzte. Die Reisekosten übernahm der Kurfürst, Vieh und Wohnungen wurden gestellt, das Schank- und Braurecht erteilt. Ihr Land blieb 30 Jahre frei von Abgaben. Sie waren von der Leibeigenschaft ausgenommen, erhielten das Angelrecht und durften Bau- und Brennholz schlagen.

Abb. 30
Gedenktafel an
der Kirche

Die ersten Familien kamen per Schiff über Aare, Rhein, Nordsee, Elbe und Havel nach Potsdam. Hunderte weiterer Aussiedler, die auf die Dörfer und Städte Brandenburgs – zum Beispiel Lehnin, Lindow, Ruppin – verteilt wurden und entweder verlassene Höfe übernahmen oder als Facharbeiter eine Anstellung fanden, folgten auf dem Landweg. Fünf Schweizer Familien kamen nach Linow. An der Kirche erinnert eine Gedenktafel an diese Siedler.

Lit.: Meyer-Brügger, E.

31. **Mödlich** (PR),
n.-westl. von Wittenberge, westl. von Lenzen, an der B 195

In den Jahren 1651 bis 1676 war Arnold Gysel van Lyr, ein von Kurfürst Friedrich Wilhelm ins Land geholter Holländer, Landesamtmann von Lenzen. Van Lyr, der zuvor als Admiral in Diensten der Niederländisch-Ostindischen-Kompanie stand und Pillau zum Sitz einer Ostindienkompanie ausbauen sollte, machte sich um die Gründung der brandenburgischen Marine verdient, die für den Großen Kurfürsten und seine Nachfolger von großer Bedeutung hätte sein können, da ihnen Besitzungen und Niederlassungen an der Goldküste in West-Afrika, unter anderem Groß Friedrichsberg und Dorothea, gehörten. In Havelberg wurde 1687 eine Werft gegründet, in der mehr als ein Dutzend hochseetüchtiger Schiffe gebaut wurden (1716 verweilten hier Friedrich Wilhelm I. und Zar Peter I., der sein schiffsbautechnisches Wissen erweitern wollte).

Abb. 31
Arnold Gysel van Lyr 1580–1676

Van Lyr bemühte sich, die im Dreißigjährigen Krieg zerstörte Stadt Lenzen aufzubauen, die Elbdeiche wieder herzustellen und die Lenzer Wische zu kolonisieren. In Mödlich bei Lenzen ist van Lyr begraben. Ein Findlingsblock mit seinem Namen steht neben der Kirche.

Denkmale aus der Zeit Friedrichs III., Friedrich I. König von Preußen (1688–1713)

Abbildungen 32–35

Friedrich III., später **Friedrich I.**, **König von Preußen** (1688–1713) und Nachfolger des Großen Kurfürsten wurde ab 1701 in die *»Spanischen Erbfolgekriege«* verwickelt; eine Holztafel (Abb. 32) in Jahnsfelde erinnert daran. Erholung suchte Friedrich I. in Linum, wo er in jedem Jahr mehrere Wochen lang jagte und im Pfarrhaus wohnte. Um 1707 kaufte er Linum von Werner von der Schulenburg und ließ ein Jagdschloss errichten, das 1833 abgerissen wurde. Für die damalige Dorfkirche stiftete er als Zeichen seines Patronats die Königskrone mit dem Knauf (Abb. 33).

Einhundert Jahre später ließ – ebenfalls als Zeichen des Patronats – Friedrich Wilhelm III. über die Kirche von Stolpe eine Krone setzen (Abb. 34). Auf das einzige Denkmal, das in Brandenburgs ländlichen Regionen an **Friedrich Wilhelm I.** (1713–1740) erinnert, wird in diesem Abschnitt hingewiesen (Abb. 35).

32. **Jahnsfelde** (MOL),
östl. von Müncheberg, an der B 1

Abb. 32
Friedrich Christian v. Pfuel Königlich Preußischer General=Major.

Zu den ältesten Adelsfamilien Brandenburgs gehörten die von Pfuels in Jahnsfelde. Sie waren seit 1448 in Schulzendorf – in dessen Kirche sich ein Epitaph mit einem betenden von Pfuehl befindet – ansässig, außerdem in Gielsdorf. In der Kirche von Jahnsfelde befindet sich eine Grabplatte, die einen Christof Pfuel nennt, der 1593 mit 41 Jahren starb. Die Pfuels waren vor allem Militärs, ihre Güter ließen sie bewirtschaften. Zwanzig Familienmitglieder sollen im Dreißigjährigen Krieg gekämpft haben, andere dienten dem Staate; ab 1764 war einer von ihnen Landrat des Kreises Oberbarnim.

Über die *»Todesahnungen«* des Friedrich Christian v. Pfuel schrieb A. von Chamisso

1828 das Gedicht *»Die Erscheinung«.* De la Motte Fouqué (vgl. Text zu Abb. 101) spielt in einem gereimten Text ebenfalls darauf an. Dieser Text – geschrieben auf einer Holztafel – und sechs weitere Tafeln mit Angaben über die von Pfuels, befinden sich in der Kirche von Jahnsfelde. Zwei Texte sind hier wiedergegeben, zuerst der von de la Motte Fouqué:

Abb. 32
Friedrich Christian von Pfuel Königlich Preußischer General=Major. geb: 1655 gest: 1702 Italien hat und Niederland den edlen Kämpfer oft geschaut. In vieler wilden Schlachten Brand hat er das Feld mit seinem Blut bethaut. Als letzter Kranz ward ruhmvoll ihm bescheert zu sterben, vorbewußt, im Sturm auf Kaiserswerth.

Infolge des *»Spanischen Erbfolgekrieges«* wurde Kaiserswerth (heute Vorort von Düsseldorf) 1689 belagert und 1702 von den Österreichern und Preußen unter dem Prinzen von Nassau-Saarbrücken eingenommen und zerstört.
Der andere Text lautet:

Heino von Pfuel Kriegs = Oberster. geb: 1544, gest: 1602. In Italien, Niederland, Spanien, Frankreich, Ungarnland ringend nach des Sieges Dank durstig nach der Ehre Trank kämpft er muthig 14 Schlachten, die ihm Ruhm und Ehre brachten. Tausend Brandenburgsche Reiter führte er, als Haupt der Streiter, kühn dem Christenfeind zu wehren. Enkel freu dich, ihn zu ehren!

Abb. 33
Königskrone mit dem Knauf

33. **Linum** (OPR),
südl. von Fehrbellin,
östl. der A 24

Als Zeichen des Patronats über die Kirche stiftete Friedrich I. die Königskrone mit dem Knauf.

34. **Stolpe** (OHV),
nördl. an Berlin grenzend, östl. der A 111

Abb. 34
Detail des Kirchturms. Friedrich Wilhelm III. MDCCCXXII

Jean de Bodt (1670–1745), deutscher Baumeister französischer Herkunft, hatte in seinem Entwurf – der nie verwirklicht wurde – für den Turm des Berliner Doms eine Krone vorgesehen. Für die Parochialkirche, eine Verkleinerung des geplanten Berliner Doms, war ebenfalls als Turmabschluss eine Krone eingeplant.

Der Turm der Stolper Kirche, 1822 errichtet, entsprach in abermals verkleinerter Form dem der Parochialkirche. Der Baumeister der Stolper Kirche muss die de Bodtschen Pläne gekannt haben, denn er übernahm die Königskrone mit einer Kugel und einem Stern. Als Zeichen des königlichen Patronats über die Kirche erhielt die Krone folgende Inschrift: *Friedrich Wilhelm III. MDCCCXXII* (Name des Kirchenpatrons und Jahreszahl der Errichtung des Kirchturms; d. Verf.)
Auskunft: Architektin Handrak

35. **Königshorst** (OPR),
südl. von Fehrbellin

Friedrich Wilhelm I. begann mit der Trockenlegung des Havelländischen-Luchs und gewann mehrere tausend Hektar fruchtbaren Landes (vgl. Vorbemerkungen zu den Abb. 53–56). Jedoch dienten diese Arbeiten weniger der Schaffung von Ackerfläche, als vielmehr der Gewinnung von Wiesen sowie der Vergrößerung der Viehwirtschaft bei den königlichen Domänen. 1723/1724 erteilte Friedrich Wilhelm I. das Patent über die Ansiedlung von Kolonisten in Preußen. Er siedelte in den Luchgebieten vor allem Holländer an, die so genannte Holländereien betrieben. Das Amt Königshorst wurde während der Entwässerung des Havelländischen-Luchs zwischen 1718 und 1725 angelegt und erhielt in dem Ort Nordhof eine Lehranstalt im Buttermachen für Bauerntöchter. An der Kirche erinnert eine Steintafel an König Friedrich Wilhelm I.

Abb. 35
Kirche in Königshorst mit Tafelinschrift

Friedrich Wilhelm König in Preußen, Ein sorgfältiger beforderer und beschützer der Ehre Gottes, Ein wahrer Vater des Landes, Ein glücklicher Vermehrer Seines Reichs und Heerschaaren, Eine Zuflucht Seiner Freunde, ein Schrecken Seiner Feinde, Ein Kluger Hauß Vater Nach dem ER diesen vormaligen grundlosen Morast und Aufenthalt wilder Thiere, durch große Mühe und Kosten von 1719 an zu des Menschen Nutzen urbahr, durch Göttlichen Seegen und Höchst eigener Klugen Veranstaltung, Zum Acker=Bau und Vieh=Zucht nutzbahr gemacht, Vorwercker, und Holländereyen, zum reichlichen Genuß angeleget, Endlich Das Ambt Königs Horst Glücklich gestiftet, und Seinen Tassel Güthern ein verleibet, Hat Zum Lobe, Preiz und Danck unzehlicher Himlischer Wohlthaten, Zur Ehre und Verherrlichung des Großen Gottes, Vergrößerung des Reichs Christi und Fortpflanzung des Evangelii, Diese Erste Kirche Aufbauen und der Nach= Welt zum besonderen Denckmahl Seiner Gottesfurcht hinter laßen wollen. Im 25ten Jahre Seiner Königlichen Regierung, also im Jahre des HERRN 1737. Ihr aber die Ihr dieses leset und mit Recht bewundert, Fürchtet Gott und ehret solchen König.

Friedrich der Große kam am 23. Juli 1779 während seiner Inspektionsreise durch das Hafelländische Luch, das Rhinluch und das Dossebruch auch an Königshorst vorbei und erneuerte ein Jahr später, 1780, die Lehranstalt seines Vaters als »ordentliche Akademie des Buttermachens«, die nach seinem Tode noch einige Jahre erhalten blieb (vgl. Abb 142).

Denkmale aus der Zeit Friedrichs II. Friedrich der Große (1740–1786)

Abbildungen 36–57

Friedrich II., später **Friedrich der Große** genannt (1740–1786), übernahm von seinem Vater Friedrich Wilhelm I., dem *»Soldatenkönig«* (1713–1740), einen perfekt funktionierenden Militär- und Beamtenstaat, ein General-Ober-Finanz-, Kriegs- und Domänendirektorium sowie eine gefüllte Staatskasse. Als im Oktober 1740 Kaiser Karl VI. starb, nutzte Friedrich II. diesen Zeitpunkt und besetzte 2 Monate später Schlesien. Es war der Beginn des Ersten Schlesischen Krieges (1740–1742), in dessen Verlauf die Preußen mehrere Schlachten gewannen (Abb. 36). Nach weiteren zwei Jahren begann Friedrich II. den Zweiten Schlesischen Krieg (1744/1745). Durch die folgenden siegreichen Schlachten bei Hohenfriedberg (1745), Soor und Katol. Hennersdorf (Abb. 36a) gegen Österreich und Sachsen kam es zum Frieden von Dresden (1745), in dem Maria Theresia Schlesien »endgültig« abtreten musste.

1756 entschloss sich Friedrich II. zu einem Präventivkrieg, dem so genannten Dritten Schlesischen Krieg beziehungsweise Siebenjährigen Krieg; er fiel in Sachsen ein. Schweden, Russland, Frankreich sowie die meisten Reichsstände verbündeten sich gegen ihn. Nach etlichen Erfolgen wurde er bei Kolin geschlagen und zog sich nach Sachsen zurück. Die Russen besetzten Ostpreußen, die Schweden Pommern, Niederschlesien kam zu Österreich. Die Franzosen und die Reichsarmee wurden von einer britisch-hannoverschen Truppe besiegt.

Im November 1757 gelang es Friedrich II., die Franzosen und die Reichsarmee bei Roßbach und die Österreicher bei Leuthen zu schlagen. General Zieten (Abb. 36) war mit seiner Kavallerie an dieser Schlacht entscheidend beteiligt. 1759 kam es zu einem erneuten Kampf zwischen dem preußischen Heer und der vereinigten russischen und österreichischen Armee bei Kunersdorf. Hier erlitt Friedrich II. – wie er selbst sagte – die schwerste Niederlage, die er je hatte hinnehmen müssen (Abb. 37). Zieten siegte erneut am 03. November 1760 über die Österreicher. Preußen und Österreich schlossen am 15. Februar 1763 den Frieden von Hubertusburg; mit Russland war bereits ein Frieden zustande gekommen.

Die zehn Friedensjahre zwischen dem Zweiten und Dritten Schlesischen Krieg nutzte Friedrich II. zur Modernisierung seines Staates, zur Wiederherstellung der zerrütteten Infrastruktur und zu Rechtsreformen. Das Allgemeine Landrecht, die Abschaffung von Folter und Hexenverfolgung wurden durchgesetzt und religiöse Toleranz verordnet. Die Akademie der Wissenschaften wurde reorganisiert (Abb. 38). Friedrich II. ließ Sanssouci erbauen, engagierte den Hofbaumeister Gontard (Abb. 39) und veranlasste die Gestaltung von Parkanlagen (Abb. 40).

Im Schloss fanden philosophische Tafelrunden und Konzertabende statt (Abb. 41, 42). Hoffeste wurden gegeben, die unter anderem durch Kammerherren und andere Verwalter der königlichen Schatulle, zum Beispiel M. G. Fredersdorff und A. G. v. Humboldt, auszugestalten und finanziell zu überwachen waren (Abb. 43, 44). An dem gesellschaftlichen Leben in den Berliner Salons um Nicolai und Lessing oder auf den Gütern in Brandenburg, zum Beispiel in Kunersdorf (Abb. 45), nahm Friedrich der Große nur geringen Anteil.

Es gelang ihm, fleißige und begabte Männer als Berater und Mitarbeiter zu gewinnen (Abb. 46). Mit Hilfe von Bankiers (Abb. 86), Kaufleuten und Pastoren ließ er Maulbeerplantagen anlegen (Abb. 43, 121); Manufakturen (z. B. die Seiden-, Tuch- und Porzellanmanufakturen) und Waffenfabriken (Abb. 47) entstanden.
Die Preußische Seehandelsgesellschaft wurde gegründet, das Militärwesen ausgebaut. Das nunmehr aus 100 000 Mann bestehende Heer wurde ständig gedrillt (Abb. 48). In Kriegszeiten hatten die Truppen – soweit sie nicht gerade in Kämpfe verwickelt waren – ebenso wie die neu rekrutierten Soldaten, militärische Übungen durchzuführen (Abb. 49).

Dem Erziehungswesen (Abb. 50, 51, 52) und der Landwirtschaft widmete Friedrich II. seine größte Aufmerksamkeit (vgl. Vorbemerkungen zu Abb. 53–56 u. Text zu Abb. 45, 46, 50, 53–56, 60). Von 1772 an nannte Friedrich sich nicht mehr »König in Preußen«, sondern »König von Preußen«. Er starb am 17. August 1786. Das erste Denkmal nach seinem Tode ließ von Prittwitz in Quilitz (später Neuhardenberg) für ihn errichten (Abb. 57).

36. **Wustrau** (OPR),
südl. von Neuruppin, östl. der A 24

Der Husarengeneral Hans Joachim von Zieten wurde am 24. Mai 1699 auf Gut Wustrau geboren. Neben dem *»Brandenburg-Preußen-Museum«* stand auf einem Granitsockel ein 1857 errichtetes Denkmal, das erneuert wurde: *»Dem Museum in Wustrau gestiftet von Ehrhardt Bödicker 1998«*. Zieten, die Hand am Kragenaufschlag, die Beine übereinander gestellt, stützt sich auf seinen Säbel. Die Vorderseite des Granitsockels trägt eine Inschrift, an den drei anderen Seiten sind Bronzetafeln befestigt, die Schlachtenszenen zeigen.

Abb. 36a
Zieten Denkmal

Abb. 36a
HANS JOACHIM V. ZIETEN GENERAL DER CAVALLERIE DIENTE VON 1714 BIS 1786 UNTER FRIED. WILH. I. UND FRIED. II. IHM ERRICHTET 1794 VON FRIED. WILHELM II.

Mit 17 Jahren wurde v. Zieten Soldat, er musste jedoch wiederholt die Armee verlassen. Unter Friedrich Wilhelm I. avancierte Zieten zum Stabsrittmeister des in Beelitz stationierten II. Berliner Husarenkorps. 1734/1735 nahm er als Befehlshaber eines Husarenschwadrons mit 120 Pferden am Rheinfeldzug teil und erlernte dort unter dem österreichischen Husarengeneral Baronay die Grundlagen des Kavalleriekrieges. Während des Ersten Schlesischen Krieges (1740–1742) erhielt er für Siege über die österreichische Kavallerie bei Mollwitz und bei Rothschloss den »Orden Pour le Merite«. In zeitlichem Ablauf zeigen die Bronzetafeln:

ZIETEN UND SEIN LEHRER BARONAY. Rothschloß den 22. Juli 1741.

Abb. 36b
Bronzetafel
Katol.
Hennersdorf

Abb. 36b
ZIETEN UND VIER SAECHSISCHE REGIMENTER. Katol. Hennersdorf den 25. Novbr 1745

Während des Dritten Schlesischen Krieges beteiligte sich Zieten an den Schlachten bei Lobositz, Kolin, Hochkirch, Liegnitz und Torgau. (Der eigentliche Sieger von Torgau war Major von Lestwitz, vgl. Text zu Abb. 45.)

ZIETEN AUF DEN SIPTITZER HÖHEN. Torgau den 3. Novbr 1760 (ohne Abb.)

Er wurde nach dem Krieg zum Ritter des Hohen Ordens vom Schwarzen Adler ernannt.

1737 heiratete Zieten Leopoldine von Jürgaß. Um 1743 wurde Schloss Wustrau erbaut. Erst 1748 verfügte Zieten über die Zeit, seine Güter selbst zu führen; Wustrau war berühmt für die von Zieten betriebene Pferdezucht. 1764 ging er mit »Erlaubnis des Königs« seine zweite Ehe – mit Hedwig von Platen – ein, aus der 1765 ein Sohn, Friedrich Emil, der später Landrat des Kreises Ruppin war, hervorging (vgl. Text zu Abb. 80). Am 27. 01. 1786 starb Zieten zu Berlin. Sein Grab und das seiner zweiten Frau befinden sich auf dem Friedhof in Wustrau. Fontane erinnert an ihn in seinem Gedicht »Der alte Zieten«.

Abb. 36c
Grab des
Hans Joachim
von Zieten

Abb. 36c
HANS JOACHIM VON ZIETEN KOENIG. PREUSS. GENERAL. CAVALLERIE CHEF EINES REGIMENTS- HUSAREN RITTER VOM SCHWARZEN ADLER ORDEN WARD GEBOHREN ZU WUSTRAU DEN XIVIII MAI MDCXCIX STARB ZU BERLIN D. XXVII JANUAR MDCCLXXXVI DIENTE DEM VATERLANDE LXXI JAHRE

Um Zieten gibt es viele Anekdoten und Geschichten. Die Ehrungen nach seinem Tode sind zahlreich. Auf dem Friedhof von Wustrau befinden sich zwei Erinnerungstafeln, die darauf hinweisen:

– Im Jahre 1851 den 25. April stand an dieser Stelle das Blüchersche Husarenregiment, um den hier in Gott ruhenden Helden, den berühmten General der Kavallerie und Ahnherrn aller Husaren Hans Joachim von Zieten, in Anerkennung seiner hohen Verdienste, durch eine feierliche Parade zu ehren. Ruhe und Frieden seiner Asche. Preis und Ehre seinemNamen. Er war und bleibt der Preußen Stolz (ohne Abb.).
– Im Jahre 1863 am 21. August zog das Zietensche Regiment mit fliegender Standarte zu Pferde vor diese Stätte. An dem Grabe des alten Helden stand es mit Stolz gewürdigt zu sein noch jetzt seinen Namen zu führen – es stand hier in fester Hoffnung, dereinst wie seine tapfern Ahnen mit Gottes Hülfe für seinen König zum Tode oder zum Siege zu gehen (ohne Abb.).

Lit.: vgl. Festschrift, Heimat- und Kulturverein Wustrau-Altfriesack e. V.
vgl. Fontane, Th., Die Grafschaft Ruppin (S. 13, ff.)
vgl. Fontane, Th., Dörfer und Flecken im Lande Ruppin (S. 440, ff.)

37. **Goschen** (LDS),
nördl. von Lieberose, westl. der B 168

Am 12. August 1759 fand die gegen Russen und Österreicher gerichtete Schlacht bei Kunersdorf, östlich von Frankfurt /O. statt. Preußen war von Russland, Österreich, Frankreich und Schweden umklammert. Die Russen hatten Frankfurt/O. erobert und ein Teil der österreichischen Armee war auf dem Weg dorthin. Friedrich II. beabsichtigte, mit einer Armee von 45 000 Mann die jetzt vereinigten feindlichen Truppen – 60 000 Russen und ein österreichisches Korps von 19 000 Soldaten – von Norden her anzugreifen. Da die feindlichen Heere ihre Stellungen sehr gut ausgebaut hatten, konnten sich die Truppen Friedrichs II. in dem sumpfigen und unwegsamen Gelände nicht entfalten, und er erlitt seine schwerste Niederlage im Siebenjährigen Krieg. Nur knapp entging Friedrich II. dem Tode: zweimal wurden ihm die Pferde unter dem Leib weggeschossen, seine Schnupftabakdose hielt eine tödliche Kugel ab. Der Oberstleutnant von Prittwitz rettete ihm das Leben: *Prittwitz a sauvé le Roi* (vgl. Text zu Abb. 57). Der Dichter E. von Kleist wurde bei Kunersdorf tödlich verwundet. Friedrich verlor etwa 18 400 Soldaten, 549 Offiziere und 172 Geschütze. Die Verluste des Gegners beliefen sich auf zirka 16 000

Mann. Verzweifelt und deprimiert zog sich Friedrich II. in die Gegend von Fürstenwalde zurück, um mit den restlichen Truppen den Feinden den Weg nach Berlin zu verstellen.

Da Russen und Österreicher uneins waren, zogen sie nicht in Richtung Berlin und Preußen war gerettet. Friedrich II. bezeichnete diese Wende als *»das Mirakel des Hauses Brandenburg«*. Die feindlichen Armeen zogen in Richtung Spreewald und Friedrich folgte ihnen über Müllrose, Trebatsch, Goschen (nördl. Lieberose), um bei Sacrow-Waldow gegenüber den Österreichern in Stellung zu gehen. Etwas südlich von Goschen ließ er in aller Eile einen Knüppeldamm, den später so genannten *»Königsdamm«* errichten, um die sumpfige Niederung mit seinen Truppen überschreiten zu können. Ein großer Findlingsblock auf einem aus kleinen Feldsteinen errichteten Sockel erinnert an diesen Übergang. Das Denkmal ist mit Blick auf die Niederung, über die der ehemalige *»Königsdamm«* führte, aufgenommen und trägt zwei Inschriften.

Abb. 37 FRIDERICUS REX 1759. Gewidmet 1919 von getreuen Preußen

38. **Kaulsdorf** (Berlin)

Die »Akademie der Wissenschaften zu Berlin«, 1700 von Friedrich I. als *»Societät der Wissenschaften«* nach den Plänen von Leibniz gestiftet, wurde 1711 eröffnet. Friedrich II. reorganisierte sie nach französischem Vorbild. Entsprechend ihrer Verfassung vom Jahre 1812 teilte man sie in eine mathematisch-physikalische und eine philosophisch-historische Klasse ein. Seit 1770 erschienen in Auswahl ihre Abhandlungen als *»Mémoires de l'Académie royale des sciences et belles-lettres à Berlin«*. Mitglieder waren neben Achard, die Brüder von Humboldt, die Brüder Grimm, Schleiermacher, von Savigny und viele andere.

F. C. Achard, am 28. 04. 1753 in Berlin geboren, stammte aus einer Hugenottenfamilie. Sein Vater, Anton Achard, der mit Friedrich II. über die Unsterblichkeit der Seele philosophierte, war Pfarrer an der Werderkirche.

1776 begann F. C. Achard als Mitarbeiter des Chemikers Sigismund Marggraf – Direktor der Physikalischen Klasse der Akademie in Berlin – und wurde im gleichen Jahr Akademiemitglied. Marggraf hatte den Zuckergehalt in Rüben nachgewiesen und auf dessen Gleichwertigkeit mit dem Rohrzucker aufmerksam gemacht. Nach dessen Tode wurde F. C. Achard zum Direktor berufen. Er widmete sich der Zuckerfabrikation aus Runkelrüben und legte seine Erfahrungen in dem 1809 veröffentlichten Buch: *»Die europäische Zuckerfabrikation aus Runkelrüben in Verbindung mit der Bereitung des Brandweins, des Rums, des Essigs und eines Coffee-Surrogats aus ihren Abfällen«* nieder.

Als François Charles Achard von 1782 bis 1785 in Kaulsdorf seine Versuche mit der Runkelrübe zur Zuckergewinnung durchführte, war der Ort noch ein Dorf mit etwa 200 Einwohnern. Nachdem sein Gut abgebrannt war, setzte er in Französisch-Buchholz die Arbeiten fort. Verschuldet wandte er sich 1799 hilfesuchend an Friedrich Wilhelm III. Er bot ihm die Rübenzuckerproduktion an und erbat dafür als Geschenk ein Gut, um Rüben produzieren zu können. Der König ernannte eine Kommission, die die Wirtschaftlichkeit des Achard`schen Verfahrens prüfen sollte.

Die Untersuchungen hierzu wurden in Berlin durchgeführt. Dabei wurde das gesamte Geld verwirtschaftet. Der Chemiker Klapproth trat Achards Nachfolge im Akademielaboratorium an. Trotz öffentlicher Angriffe gegen Achard, u. a. auch von Seiten A. Thaers (vgl. Text zu Abb. 62), besonders aber englischer Rohrzuckerimporteure und -fabrikanten, die Achard sogar mit Geldangeboten zur Aufgabe bringen wollten, gewährte ihm der König im Dezember 1799 ein Darlehn von 50 000 Talern zum Kauf eines Gutes in Cunan (Schlesien). 1807 brannte die Zuckerfabrik in Cunan ab und Achard musste seine Arbeiten einstellen. 1809 erschien das oben erwähnte Buch, in dem er sein ganzes Wissen preisgab. Mit Hilfe des Königs wurde Cunan wieder aufgebaut und Achard durfte 1812 eine Lehranstalt für die Fabrikation von Zucker einrichten, die über die Grenzen Preußens hinaus bekannt wurde.

Die Aufhebung der Kontinentalsperre (1806–1813) und die billigen Preise für Rohrzucker bedeuteten das Ende der Achardschen Arbeiten. Seine Entwicklungen wurden in Frankreich fortgeführt und vervollkommnet. 1821 starb Achard. Erst ab 1830, als es einem Freund Achards, dem Gutsbesitzer Freiherrn v. Koppy, in Krain bei Strehlen ge-

Abb. 38 Franz Carl Achard 28. 4. 1753–20. 4. 1821

lungen war, Rüben mit hohem Zuckergehalt zu züchten, war der Rübenzucker gegenüber dem Rohrzucker endgültig konkurrenzfähig. 1838 wurde die erste bedeutende Zuckerrübenfabrik im Oderbruch gegründet. Die Rübenabfälle dienten als Viehfutter und waren mit eine der Voraussetzungen für die Vergrößerung des Viehbestandes. Um 1870 gab es etwa 20 Zuckerfabriken zwischen Altranft und Lebus. An einem Gebäude des alten Kaulsdorfer Gutes erinnert eine Gedenktafel an Achard.

Lit.: Kaulsdorf-Hefte

Abb. 38
Auf diesem Gut wirkte von 1782 bis 1785 Franz Carl Achard 28. 4. 1753–20. 4.1821 Chemiker und Mitglied der Preußischen Akademie der Wissenschaften. Hier unternahm er erste Versuche zur technischen Gewinnung von Zucker aus der Runkelrübe und schuf damit die Grundlagen für die spätere fabrikmäßige Herstellung von Zucker.

39. **Groß Behnitz** (HVL),
s.-westl. von Nauen, an der B 5

Abb. 39a Haupteingang zum Gut Groß Behnitz

Karl von Gontard (1731–1791), beeinflusst von J. F. Blondell (franz. Architekt u. Architekturtheoretiker), wurde 1764 unter Friedrich II. Hauptbaumeister des preußischen Hofes. Er war am Bau des Neuen Palais beteiligt,

baute die Communs (1765) und das Potsdamer Waisenhaus (1771). Im Park von Sanssouci errichtete er 1768 den Freundschafts- und den Antikentempel, baute in Berlin Brücken, Privathäuser und die Kuppeltürme des Deutschen und Französischen Doms (1781). Während der Regierungszeit

Friedrich Wilhelms II. setzte sich bei Gontard der klassizistische Baustil niederländisch-englischer Herkunft durch; ein Beispiel dafür ist das Marmorpalais im Neuen Garten. 1786–1788 schuf er das *»Tor hinter der Friedrichstraße«*, das so genannte *»Oranienburger Tor«*, welches an die Borsig`sche Maschinenfabrik an der Chausseestraße/Ecke Torstraße grenzte (Abb. 39b).

Abb. 39b Oranienburger Tor, 1866, mit Blick (li.) auf den Französischen Friedhof, Chausseestraße und (re.) auf die Borsig`sche Maschinenfabrik, Chausseestraße/ Ecke Torstraße Besitzer des Bildes: Stadtmuseum Berlin, Fotografie: Stadtmuseum Berlin

Nachdem die zweite Stadtmauer um Berlin – die Akzisemauer – und die Tore ihren Sinn verloren hatten, wurden sie abgerissen. 1866 hatte der Maschinenfabrikant und Kommerzienrat Albert Borsig das Gut Groß Behnitz von der Familie von Itzenplitz (vgl. Text zu Abb. 46) erworben, die dort von 1770 bis 1866 als Nachfolger der von Rochows und Brösickes residierte. Borsig erbat sich die auf dem Oranienburger Tor befindlichen beiden Sandsteintrophäen für Groß Behnitz und ließ 1868 die Schmuckelemente auf den Portalen zum Haupteingang seines Gutes aufstellen (Abb. 39a). Das Gutshaus von Groß Behnitz brannte 1947 ab (vgl. Text zu Abb. 154).

40. **Bornstedt** (Potsdam)

»Die Bornstedter Basilika samt Säulengang und Etagenturm ist ein Schmuck des Dorfes und der Landschaft; aber was doch weit über die Kirche hinausgeht, das ist der Kirchhof, dem sich an Zahl berühmter Gräber vielleicht kein anderer Dorfkirchhof vergleichen kann. Es hat dies einfach seinen Grund in der unmittelbaren Nähe von Sanssouci und seinen Dependenzien. ... was in Sanssouci stirbt, das wird in Bornstedt begraben – in den meisten Fällen königliche Diener aller Grade, ... solche, denen eine besondere Auszeichnung es gestattete, ein zurückliegendes Leben voll Tätigkeit an dieser Stelle beschließen zu dürfen. So finden wir denn auf dem Bornstedter Friedhof Generale und Offiziere, Kammerherren und Kammerdiener, Geheime Räte und Geheime Kämmeriere, Hofärzte und Hofbaumeister, vor allem – Hofgärtner in Bataillonen.«
(Fontane, Th.; Havelland, S. 253–254).

Auch der »berühmte« Jakob Paul Freiherr v. Gundling wurde 1731 in Bornstedt begraben; auf dem als *»Sello-Friedhof«* bezeichneten Teil des Bornstedter Friedhofs liegt die *»Gärtnerfamilie«* der Sellos.

Abb. 40
*JOHANN SAMUEL SELLO KÖNIGL. HOFGAERTNER * 12. MAI 1715, † 12. APRIL 1787 MARIA LOUISA SELLO GEB. KLEIST * 10. JAN. 1740, † 18. APRIL 1791*
Vom alten Kirchhof überführt 1910.

Abb. 40
Garbstein für
J. S. Sello

Der Generaldirektor der königlichen Gärten, Peter Joseph Lenné (1789–1866), fand ebenfalls hier seine letzte Ruhestätte.

Abb. 41
JOHANN JOACHIM QUANTZ 1697–1773

41. **Potsdam,** Heinrich-Mann-Allee

Joachim Quantz (1697–1773), als Kontrabassist und später als Oboist in der Königlich-Polnischen Hofkapelle tätig, wurde Flötenlehrer Friedrichs des Großen. In den über 40 Jahren der beiderseitigen Freundschaft komponierte er Hunderte von Flötenkonzerten und -trios für Friedrich und überarbeitete dessen Kompositionen (Blume, Fr.). Mit Gnadenerweisen überhäuft starb er 76-jährig in Potsdam. Ursprünglich befand sich das Grab auf dem Friedhof neben dem Nauener Tor. Dieser wurde auf Befehl Friedrich Wilhelm II. aufgelassen. Man versetzte das Grabmal von Quantz auf den »vor dem Teltower Tor gelegenen Gottesacker«, den heutigen Alten Friedhof. Auf einem 1994 erneuerten Sandsteinsockel sitzt eine träumende Euterpe, die Doppelflöte im Arm. An ihr linkes Bein lehnt sich ein nackter, die Flamme löschender Knabe.

Abb. 41
König Friedrich der Große ließ dieses Monument seinem verstorbenen Musiklehrer JOHANN JOACHIM QUANTZ 1697–1773 aus Dankbarkeit setzen. Das Grabmal wurde 1865 zusammen mit anderen Gedenksteinen aus dem 18. Jahrhundert vom Friedhof vor dem Nauener Tor auf den heutigen Alten Friedhof überführt.

(Auf der Rückseite) *Diese Kopie des Grabmals wurde am 12. Juni 1994 auf dem Alten Friedhof in Potsdam aufgestellt.*

42. **Treuenbrietzen** (PM),
an der B 2

Christoph Nichelmann (1717–1762), Sohn eines Treuenbrietzener Tuchmachers, erlernte das Orgelspiel, besuchte 1730 die Thomaner Schule (Leiter: J. S. Bach) und wurde von W. F. Bach im Klavierspiel unterrichtet. Er ging nach Hamburg und studierte bei Keiser, Telemann und Mattheson. In Berlin arbeitete Nichelmann 1739 mit J. J. Quantz und K. H. Graun zusammen und schrieb Sonaten sowie Vokalkompositionen. 1744 kehrte er nach Hamburg zurück, wo ihn der Befehl Friedrich II. erreichte, nach Berlin zu kommen, da dieser ihn *»in dero Musik aufzunehmen und zu der Composition zu gebrauchen gnädigst gesonnen wären«*. Von 1745–1756 war Nichelmann Zweiter Cembalist in der Königlichen Kapelle. Er verstarb verarmt in Berlin. Bekannt sind seine barocken Triosonaten, seine Klaviersonaten sowie -konzerte. Durch seine Gesellschaftslieder im Volkston wurde Nichelmann zu einem der Begründer der Berliner Liederschule. In der Neuen-Marktstraße 1 in Treuenbrietzen erinnert eine Gedenktafel an ihn.
Lit.: Blume, Fr.

Abb. 42
Gedenktafel für Ch. Nichelmann

Abb. 42
*CHRISTOPH NICHELMANN MUSIKER UND KOMPONIST * 13. 8. 1717 IN TREUENBRIETZEN † 20. 7. 1762 IN BERLIN*

43. **Zernikow** (OHV),
n.-westlich von Gransee, westl. der B 96

Michael Gabriel Fredersdorff, geboren 1708, war in der Rheinsberger Zeit des Kronprinzen Kammerdiener und nach Friedrichs Regierungsantritt *»Geheimer Kammerier«*, d. h. Verwalter der königlichen *»Schatulle«*. In dieser Funktion besaß er einen weit über den eigentlichen Rahmen seines Amtes hinausreichenden Einfluss. Voltaire nannte ihn *»le grand factotum du Roi Fréderic«*. Das Vertrauen und die Anteilnahme des Königs besaß Fredersdorff in einzigartiger Weise. Die meisten Briefe Friedrichs II. an Fredersdorff bezeugen dies: *»wohr [wenn] heute Mittag die Sone Scheint, So werde ich ausreiten. Kome doch am fenster, ich wolte Dihr gerne Sehen! aber das fenster mus feste zubleiben; und in der Camer mus Stark feuer Seindt! ich Wünsche von herzten, das [daß] es sich von tagezutage mit Dihr besseren Möhge. gestern habe ich Deine besserung Celebriret [gefeiert], mit 2 butteillen ungerschen wein [2 Flaschen Ungarwein]. Carel [ein Page »Karl«] hat vohr Kitzelln gequipt [vor Kitzeln gequietscht] und nach dießer Schönen harmoni hat Matschenco Seinen bären-Dantz [Bärentanz] verrichtet, gottbewahre!«* (Richter, J., S. 32). In einem anderen Brief schrieb er am 16. 11. 1754: *»... ich mus Dihr die reine Warheit Sagn: Du führst dihr wie ein ungetzogen Kind auf, und – wan Du gesundt Wärst, [so würde ich sagen] – wie ein unfernünftiger mensch! Mach doch e i n – M a h l ein Ende mit die Närsche quaksalberei (*vgl. Text zu Abb. 50, d. Verf.), *da du Dihr gewisse, wohr [wenn] du nicht davon ab-lässest, Dihr den Thoht mit tuhn würst! Oder du wirst mihr tzwingen, Deine leute in Eidt und flicht zu nehmen, auf daß sie mihr angeben müssen, wenn ein Neuer Doctor Komt oder Dihr Medicin geschiket wirdt.* (Richter, J., S. 34).

Die Anteilnahme Friedrichs II. zeigte auch eine Mischung aus Besorgnis und Humor:

»... ich Schicke Dihr ein Rares Eliksihr [Elixier], das von Teofrastem Paratzelsio Komt, welches mihr und alle, die davon genomen haben, wunder gethan hat, nim nuhr von dießer Medecin. es leidet aber Keine quacksalberein dar-nehben!! sonsten benimt es einem vohr Sein lebe-Tage die Mänliche Krefte der liebe!« (Richter, J., S. 40). Selbst während der Manöverzeit waren seine Gedanken bei Fredersdorff: *»... ich bin Sehr bange, das [daß] ich nicht 2 tage in Spandau* (im Truppenübungslager, vgl. Text zu Abb. 58, d. Verf.) *Sein werde, ohne üble nachricht von deiner gesundtheit zu hören. mihr ist gahr nicht guht darbei ...gott bewahre Dihr! wann Du*

noch im Stande, zu Schreiben, bleibest, so Schreibe doch zwei oder drei Mahl die Woche, wie Du Dihr befindest.« (Richter, J., S. 31).

Im Jahre 1740 machte ihn der König, kurz nach seiner Thronbesteigung, durch Schenkung des Gutes Zernikow bei Rheinsberg zum Rittergutsbesitzer. Das war erstaunlich, da sowohl der Übergang von Rittergütern in bürgerliche Hände als auch die oft damit verbundene Verleihung des Adelstitels grundsätzlich gegen Friedrichs Meinung war (vgl. Text zu Abb. 46).

Abb. 43a
Herr Michael Gabriel Fredersdorff Königl-Preußisch-Geheimder Caemerer geboren d. 6. Junii 1708 gestorben d. 17. Jänner 1758.

Abb. 43a
Herr Michael Gabriel Fredersdorff
(Bild in der Kirche von Zernikow)

Zum Gut Zernikow gehörte eine Maulbeerbaumpflanzung zur Seidenraupenzucht. Fontane schrieb von 8 000 Bäumen, die 1747 existierten. An der Straße nach Burow ist heute noch eine Maulbeerbaumallee mit ca. 70 Bäumen vorhanden. Fredersdorff besaß eine Ziegelei und kaufte später mehrere Besitzungen hinzu. Er wurde sogar Besitzer einer *»Kolonie«* in Ostindien (Richter, J., S. 20). Bekannt war seinerzeit das *»Fredersdorffer Bier«*, das er in seinen Brauereien zu Köpenick und Spandau erzeugte. Die Gelder für die Besitzerweiterungen und wirtschaftlichen Unternehmungen flossen Fredersdorff aus der Hochzeit mit der Bankierstochter Caroline Marie Elisabeth Daum zu.

Achim von Arnim, der Enkel (vgl. Text zu Abb. 102) der C. M. E. Daum, schrieb über den Vater seiner Großmutter: *»... Er war einer der unternehmensten und reichsten Kaufleute in den preußischen Landen, ein Liebling Friedrich Wilhelms I., dem er Gewehr-, Messer-, Spiegel- und Zuckerfabriken anlegte, wobei sie einander gegenseitig unterstützten und notwendig waren.«*

Über seine Großmutter Labes schrieb Achim v. Arnim: *»Sie hatte noch bis in ihr Alter selten lebendige blaue Augen und regelmäßige feste Züge ...Sie war heftig, lebendig, voll Lust an allem Weltgetümmel, an Ergebenheit, Beschränkung, Mäßigung von Jugend auf gewöhnt, durchaus rechtlich, edel, mutig, und den meisten eine lustige, willkommene Gesellschafterin.«*

Abb. 43b
Fr. Carolinea. Maria. Elisabeth von Labes. gebohrne Daum. Gebohren d 27 ten Julii 1730 gestorben d 10 ten März 1810

Fredersdorff starb, kinderlos, 1758 in Potsdam und wurde in Zernikow beigesetzt. Zwei Jahre später vermählte sich seine Witwe mit dem Geheimen Stiftsrat zu Quedlinburg, Hans Freiherr von Labes.
HANS REICHS FREIHERR VON LABES AUF ZERNIKOW GEBOHREN DEN VI IENNER M.DCC.XXXI GESTORBEN DEN XXVII IULIUS M.DCC.LXXVI.(ohne Abb.)

Abb. 43b
Frau C. M. Elisabeth v. Labes (Bild in der Kirche von Zernikow)

Aus der Ehe mit Freiherrn von Labes gingen zwei Kinder hervor: Hans von Labes, der später durch Heirat den Namen Graf von Schlitz annahm, und Amalie Caroline.

Amalie Caroline von Arnim gebohrene, von Labes, gebohren d 13 ten May 1761gestorben d 14 ten Februar 1781(ohne Abb.)

Amalie Caroline heiratete 1777 den Direktor des Königlichen Schauspiels, Joachim Erdmann von Arnim, der mit finanzieller Unterstützung seiner Schwiegermutter Wiepersdorf kaufte. Nach der Geburt ihres zweiten Sohnes Karl Friedrich Joachim Ludwig v. Arnim (1781), der sich später Achim v. Arnim nannte (vgl. Text zu Abb. 102), verstarb Caroline.

Nach dem Tode von Hans Labes ließ die Witwe ihren beiden verstorbenen Ehemännern eine Begräbnisstätte bauen.

Der barocke Putzbau trägt über dem Portalbogen eine Inschrift: *»Fredersdorffsches Erbbegräbnis, errichtet von dessen hinterlassener Witwe, geborenen Caroline Marie Elisabeth Daum, nachmals verehelichte von Labes. Anno 1777«.*

Eine Kartusche unterhalb der Giebelspitze trägt die ursprünglich vergoldeten Initialen *MGF* (Michael Gabriel Fredersdorff) und *CMED* (Caroline Marie Elisabeth Daum). Auf dem Dach stehen Schmuckvasen. Die Särge sind seit 1945 vermisst. Frau v. Labes ließ die aus dem 13. Jh. stammende Wehrkirche im Stile des Barock umbauen. An der Brüstung der Orgelempore befinden

Abb. 43c
Das »Fredersdorffsche Erbbegräbnis«

sich die vier Gemälde-Kopien der Familie Fredersdorff-Labes.
Lit.: Das Fredersdorff'sche Erbbegräbnis; Initiative Zernikow 1999; Richter, J.

44. **Falkenberg** (Berlin)

Falkenberg ist noch nicht lange in Berlin eingemeindet. Auf dem Friedhof befindet sich eine Gedenktafel für Marie Elisabeth von Humboldt, geb. Colomb (1741–1796), die väterlicherseits von einer Hugenottenfamilie aus der Provence abstammt, mütterlicherseits schottischen Ursprungs ist. Sie heiratete in erster Ehe Friedrich Ernst von Holwede, der gemeinsam mit seinem Bruder Victor Besitzer des Gutes Tegel war. Die Ehefrauen der Brüder sind Schwestern. Marie Elisabeth ehelichte in zweiter Ehe (1766) den königlichen Kammerherrn und Obristwachtmeister der Kavallerie, Alexander Georg von Humboldt (1720–1779), dem als Mitgift das Tegeler Gut zufiel, das das Ehepaar ab 1769 bewohnte. Hier befasste sich Georg von Humboldt – ähnlich wie Frau von Friedland (vgl. Text zu Abb. 45), Thaer (vgl. Text zu Abb. 62), u. a. – mit »moderner« Landwirtschaft.
Unter Joachim I. (1499–1535) bewirtschaftete Hans Bredtschneider das Gut Tegel. Er erhielt Weiderecht, das Recht auf Fischerei, Brauerei und außerdem das des Weinanbaus an den Hängen nahe der Gutsanlage. Bredtschneider musste angeblich 40 000 Liter Wein pro Jahr an den Hof liefern. Die Gewinn bringende Mühle in Tegel, die die größten Einnahmen erbrachte, blieb im Besitz Joachims. Der spätere Besitzer des Gutes, Zacharias Götze, der zusätzlich eine Meierei anlegte, besaß 250 Morgen (63 ha) Ackerland, Weideflächen, Obstgärten und die oben genannten Rechte. Zu Beginn des 18. Jahrhunderts wurden in Tegel auch Maulbeerbäume gepflanzt, es sollen bis zu 10 000 gewesen sein; 1780 waren noch etwa 2 000 Bäume vorhanden (Rave, P. O.).

Als die Colombs/Humboldts das Gut Tegel bewirtschafteten, war die Lage der Landwirtschaft wie oben beschrieben. Nach dem frühen Tode von Alexander Georg v. Humboldt sorgte die Mutter für die Erziehung der beiden Söhne: Wilhelm (*1767) und Alexander (*1769), die ihre Kindheit im Winter im Colomb`schen Haus in Berlin, Jägerstraße 22, in der Sommerzeit auf Schloss Tegel verbrachten. Für die Ausbildung der Söhne verpflichtete sie die besten Lehrkräfte. Die Auflistung dieser Namen ergibt ein Spiegelbild des wissenschaftlichen und geistigen Lebens in Berlin und Preußen:

- Joachim Heinrich Campe (1746–1818), aufklärerischer Reformpädagoge, von 1769–1774 ihr Hauslehrer.
- Gottlieb Johann Christian Kundt (1757–1829) wurde von 1777 bis 1789 als Hofmeister eingestellt. Er unterrichtete die Jungen selbst, zog aber auch andere Lehrer hinzu und begleitete die Brüder an die Universitäten Frankfurt/O. und Göttingen. Später wurde er in Berlin Preußischer Staatsrat. Er blieb wirtschaftlicher Berater der Marie Elisabeth v. Humboldt.
- Josias Friedrich Christian Löffler, Professor für Theologie an der Viadrina, unterrichtete die Brüder vor allem in Griechisch.
- Ernst Gottfried Fischer (1754–1831) Mathematiklehrer am Grauen Kloster, seit 1803 Mitglied der Akademie der Wissenschaften, seit 1810 Professor für Mathematik und Physik an der Berliner Universität, unterrichtete vor allem in den Naturwissenschaften.
- Johann Jakob Engel (1741–1802), Leiter des Königlichen Theaters, vormals Professor für Moralphilosophie und Schöne Wissenschaften am Joachimsthalschen Gymnasium (vgl. Text zu Abb. 6) führte die Brüder Humboldt in die Geisteswissenschaften ein.
- Ernst Ferdinand Klein (1744–1810), Mitglied des Kammergerichts und Mitautor des Allgemeinen Landrechts, übernahm die juristische Ausbildung.
- Christian Ernst Wunsch (1744–1828), Mathematiker und Physiker an der Viadrina und später auch Lehrer des Heinrich von Kleist, regte Alexander von Humboldt an, sich mit der Botanik zu beschäftigen.

Abb. 44
Begräbnisstätte Marie Elisabeth von Humboldt

Erst nach dem Tode der Mutter und nach einer Abfindung durch Wilhelm, der alleiniger Besitzer des Schlosses Tegel wurde, verfügte Alexander über die nötigen Mittel für seine Weltreisen. Das Erbbegräbnis der Familie v. Humboldt befindet sich in Tegel (Berlin). Hier ruhen die Brüder Humboldt und etwas abseits ihr Lehrer Kundt. Die Begräbnisstätte der Eltern der Brüder Humboldt, in Falkenberg, wurde 1945 zerstört und 1969 restauriert. Die Gruft wurde verschlossen. Erst 1791 hatte Marie Elisabeth das Gut Falkenberg erworben, dort aber nie gelebt.

Abb. 44
BEGRÄBNISSTÄTTE MARIE ELISABETH VON HUMBOLDT GEB. COLOMB, VERW. VON HOLWEDE 08. 12 .1741–19. 11. 1796 ALEXANDER GEORG VON HUMBOLDT 22. 09. 1720–06. 01. 1779 FRIEDRICH ERNST VON HOLWEDE 12. 03. 1723–26. 01. 1765 EINE FRÜH VERSTORBENE TOCHTER AUS DER HOLWEDESCHEN EHE.

45. **Kunersdorf** (MOL),
süd.-östl. von Bad Freienwalde, an der B 167

In Kunersdorf befindet sich eines der eindrucksvollsten Denkmale des Oderlandes. 1763 gelangte Friedland, ein benachbarter Ort von Kunersdorf, als so genanntes Donationsgut an den Obristlieutenant H. G. Sigismund v. Lestwitz (1718–1788), in Anerkennung seiner Tapferkeit in der Schlacht von Torgau (vgl. Abb. 36a). Friedrich II. sagte über ihn: *»Lestwitz a sauvé l' Etat«* (Lestwitz hat den Staat gerettet). Da Lestwitz nicht wusste, ob er das Gut eventuell nur als Lehen erhalten hatte, kaufte er, um für seine einzige Tochter ein sicheres Erbe zu haben, das benachbarte Gut Kunersdorf hinzu.

Lestwitz starb 1788. Seine Tochter, Helene Charlotte (1754–1803), die sich von ihrem Mann getrennt hatte und bereits den Namen *»Frau v. Friedland«* führte, übernahm die Güter und zog mit ihrer Tochter nach Kunersdorf. Sie war es, die im Oderbruch, vor allem nach englischem Vorbild, mit Ideenreichtum und Organisationstalent neue Formen der Landwirtschaft einführte. F. L. von d. Marwitz (vgl. Text zu Abb. 90), ihr Gutsnachbar auf Friedersdorf – später selbst ein vorbildlicher Landwirt – schilderte in seinen Memoiren Frau v. Friedland folgendermaßen:

»Von ihr habe ich das meiste in der Landwirtschaft gelernt, ungefähr alles, was ich nicht schon aus der Kindheit wußte und nachher aus der Erfahrung erwarb. Sie war aber nicht bloß eine Landwirtin, sondern eine höchst geistreiche belesene und in allem, auch öffent-

lichen Dingen, gut unterrichtete Frau ... dazu eine wahre Mutter ihrer Untertanen und Untergebenen.«
(Marwitz, F. L. von d., S. 127, 128).

Frau v. Friedland, die ihre sechs großen Güter allein verwaltete, entließ ihre Bauern bereits vor den Stein-Hardenbergschen-Reformen aus der Leibeigenschaft und führte 1798 die Separation ein, die Voraussetzung für die Einführung der Fruchtwechselwirtschaft (vgl. Text zu Abb. 46). Sie vollzog den Übergang von extensiver zu intensiver Landwirtschaft, ging zur Vierfelderwirtschaft über, baute Zwischenfrüchte, Hülsenfrüchte sowie Kartoffeln an und führte die Stallfütterung ein. 1799 veröffentlichte der Landreformer und Agrarwissenschaftler Thaer, der sie 1799 und 1801 besuchte, in seinen *»Annalen der Niedersächsischen Landwirtschaft«* einen Artikel von ihr über die Gräserwirtschaft, ohne die Autorin zu nennen. Er widmete ihr den 3. Band seiner *»Englischen Landwirtschaft«* (vgl. Text zu Abb. 62).

Die einzige Tochter der Frau v. Friedland, Henriette Charlotte (1772–1848), die den Domänenrat und späteren Landrat Peter Alexander von Itzenplitz (1769–1834) aus Groß Behnitz (vgl. Text zu Abb. 39, 46) heiratete, übernahm die mütterlichen Güter und führte sie gemeinsam mit ihrem Mann in deren Geiste weiter. Schon zu Lebzeiten der Mutter besuchten Berliner Philosophen, Wissenschaftler und Künstler Schloss Kunersdorf, das sich zu einem *»Märkischen Musenhof«* entwickelt hatte. Dabei spielte sicherlich die langjährige Beziehung zu Friedrich Nicolai eine Rolle, in dessen Haus in Berlin, Brüderstraße 13, sich die Winterwohnung der Familie Friedland-Itzenplitz befand. Dieses Gebäude erbaute um 1770 der Maurermeister und Direktor der Berliner Singakademie C. F. Zelter. Einige der bekanntesten Persönlichkeiten der Aufklärungszeit, die in Kunersdorf verkehrten, seien – um die Bedeutung dieses Ortes zu damaliger Zeit zu unterstreichen – in zwangloser Reihenfolge aufgeführt:

J. J. Engel (1741–1802), Moralphilosoph; J. J. Spalding (1714–1804), Theologe und Philosoph; Ch. F. Nicolai (1733–1811), Schriftsteller und Verlagsbuchhändler; Th. Buttmann (1764–1829), Bibliothekar der Königlichen Bibliothek; P. Ermann (1764–1851) Physiker; W. v. Humboldt (1767–1835), Philosoph, Sprachforscher, Staatsmann; A. v. Humboldt (1769–1859), Naturforscher (vgl. Text zu Abb. 44); F. C. v. Savigny (1779–1861), Jurist; L. v. Ranke (1795–

1886), Historiker; H. F. K. Freiherr v. u. z. Stein (1757–1831), Staatsmann und Reformer Preußens; K. A. Fürst v. Hardenberg (1750–1822), Preußischer Staatsmann und Reformer (vgl. Text zu Abb. 87, 89); F. L. von d. Marwitz (1777–1837), Politiker und Landwirt (vgl. Text zu Abb. 90); L. v. Buch (1774–1853), Geologe; M. H. Klapproth (1748–1817) Chemiker (vgl. Text zu Abb. 38); A. D. Thaer (1752–1828), Agrarwissenschaftler und -reformer (vgl. Text zu Abb. 62); A. v. Chamisso (1781–1838), Schriftsteller, schrieb hier 1813 »Peter Schlemihls wundersame Geschichte«. Er legte ein Herbarium der Odergegend an (vgl. Text zu Abb. 101); R. Schadow (1786–1822), Bildhauer (vgl. Vorbemerkungen zu Abb. 85, 86); Ch. F. Tieck (1776–1851), Bildhauer; C. D. Rauch (1777–1857), Bildhauer; F. G. Weitsch (1758–1828), Maler; u. a.

Weitere *»Musenhöfe«* – mit zum Teil den gleichen Teilnehmern – hatten sich um die Adligen Chr. Freiherr v. Houwald (vgl. Text zu Abb. 75), F. A. L. von d. Marwitz (vgl. Text zu Abb. 90), F. Baron de la Motte Fouqué (vgl. Text zu Abb. 101) und die Familie von Finckenstein auf (Alt)Madlitz (vgl. Text zu Abb. 90) gebildet.

Schloss und Park Kunersdorf wurden nach 1945 zerstört. Nur die Begräbnisstätte der Familie Lestwitz-Itzenplitz, im klassizistischen Stil errichtet, blieb erhalten. Sie zieht sich an der Nordmauer des Friedhofs entlang. 1790 entwarf C. G. Langhans eine Kolonnade mit dorischen Säulen und neun Nischen, in denen Marmorgrabmale stehen.

Abb. 45a
Säulenkolonnade in Kunersdorf

Unter anderen das Grabmal für Generalmajor H. Sigismund v. Lestwitz (1718–1888).

Urnendenkmal, gestaltet von Schadow, mit Reliefkopf des Verstorbenen. Helm, Schwert und Handschuh auf der Urne (ohne Abb.).

Abb. 45b
»DEM THÄTIGEN GEISTE, DER DIESE FLUREN BELEBTE, ORDNE-TE UND NUN SCHUETZT HELENEN CHARLOTTEN VON FRIEDLAND GEBOHRENEN VON LESTWITZ« .
Der Marmor-Säulenabschnitt mit Reliefbild stammt von Enrigo Keller (Rom), den W. von Humboldt an die Familie empfohlen hatte. Auf der Urne befinden sich Sinnbilder aus der Landwirtschaft: Pflug, Egge, Sense, Sichel, Harke; darunter diverse Figuren.
– *P. Alexander Graf von Itzenplitz (1769–1834)*

»Sein Herz, reich an umfassender Liebe, sein Geist voll Durst nach Wissen, wirkte mit lebendiger Einsicht und beharrlicher Kraft, was in dauernder Frucht uns trostvoll umgibt« (ohne Abb.).
Marmorstele mit Reliefportrait; darunter Reliefbild mit altem und neuem Zustand des Oderbruchs: Genius mit Füllhorn und pflügender Bauer; gestaltet von Rauch.
– *Henriette Charlotte Gräfin von Itzenplitz (1772–1848).* Reliefstele aus Marmor von Rauch. Die Gräfin Itzenplitz liest sitzend ein botanisches Werk (ohne Abb.).

Abb. 45c
Marianne, Louise, Emilie, Amalie Gräfin von Itzenplitz, geb. Gräfin von Bernsdorff (1805–1831)
Marmorstele von F. Tieck mit Bildnismedaillon und Relief der Mutter, die den Kindern vom Todesengel – der gen Himmel zeigt und den Palmwedel der Auferstehung hält – entführt wird.

Es folgen zwei Marmorkreuze für Mitglieder der Familie Itzenplitz.

Abb. 45b
Grabmal für Ch. von Lestwitz

Abb. 45c
Grabmal für Gräfin von Itzenplitz

– Maria Helena Gräfin von Itzenplitz geb. v. Kroecher (1812–1853) »SIE TRACHTETE AM ERSTEN NACH DEM REICHE GOTTES UND SEINER GERECHTIGKEIT UND ES WARD IHR GEGEBEN DIE ÜBRIGEN ZU DEM EINEN ZU FÜHREN, WAS NOTH THUT« (ohne Abb.).

Marmorstele von H. Hagen (Schüler von Rauch). Bildnismedaillon und Relief des Todesengels, der der Sterbenden, die das Kreuz an sich presst, den Kranz des ewigen Lebens reicht. Am Sterbelager der trauernde Gemahl.

Lit.: vgl. Dehio, Brandenburg, Fontane; Th., Oderland

46. **Groß Rietz** (LOS),
s.-östl. von Fürstenwalde, östl. der B 246

Johann Christoph Woellner (1732–1800) war eine der schillerndsten Persönlichkeiten zu Zeiten Friedrichs II. und Friedrich Wilhelms II. Noch heute verbindet man mit seinem Namen das *»Woellnersche Religionsedikt«*. Am 19. 05. 1732 wurde er in Döberitz als Sohn des Dorfpfarrers J. Ch. Woellner geboren. Er besuchte die Stadtschule in Spandau, studierte in Halle Theologie und geriet hier in das geistige Umfeld des Natur- und Völkerrechtlers Christian Wolff, der die freie Entfaltung des Individuums in einem nach Vernunftgesetzen geordneten Rechtsstaate lehrte und ungesetzliche Autorität von Kirche und Staat geißelte. Vor allem zu dem Theologen S. Jakob Baumgarten, einem Schüler Wolffs, der dessen Lehre auf die orthodoxe Theologie anwenden wollte und zu einem Wegbereiter der Aufklärung wurde, fühlte sich Woellner hingezogen.

1753 stellte ihn Generalmajor Friedrich v. Itzenplitz, Herr auf Groß- und Klein-Behnitz (vgl. Text zu Abb. 39) als Hofmeister seines minderjährigen Sohnes ein. Ein Jahr später bestellte er den Zweiundzwanzigjährigen zum Pfarrer dieser Gemeinde. Hier verfasste Woellner eine große Anzahl von Predigten, in denen er die Siege Friedrichs II. feierte. Nach dem Tode seines Gönners Itzenplitz (1759) verpachtete ihm dessen Witwe 1762 die Güter Groß- und Klein Behnitz. Seine Pfarrstelle gab er an seinen Vater ab.

Wie alle aufgeschlossenen Gutsbesitzer und -verwalter der friderizianischen Epoche studierte er die englische Landwirtschaft und versuchte, deren Erkenntnisse auf seine und die von ihm verwalteten Güter zu übertragen, wie dies ebenfalls die Besitzer der Güter von Kunersdorf (vgl. Text zu Abb. 45), Möglin (vgl. Text zu Abb. 62), Friedersdorf (vgl. Text zu Abb. 90), Reckahn (vgl. Text zu Abb. 49), Neuhardenberg (vgl. Text zu Abb. 87) u. a. versuchten. 1766 erschien seine dem König gewidmete Schrift *»Über die Aufhebung der Gemeinheiten in der Mark Brandenburg«*. Die Gemeinheiten beinhalten Pflichten und Nutzung am gemeinsamen Besitz, und zwar: Weideberechtigung auf Äkkern, Wiesen, Angern, Forsten; Pflücken von Gras und Unkraut auf bestellten Feldern; Nachrechen auf abgeernteten Feldern usw. Nur durch die Aufhebung dieser Gemeinheiten konnte persönlicher Besitz für die Bauern geschaffen werden. 1768 erschien Woellners Buch *»Über den Wert bäuerlichen Eigentums«*. Bis 1775 wurden auf den Gütern fortschrittlicher Adliger bereits 385 Separationen (Aufhebung der Gemeinheiten) durchgeführt. Friedrich II. berief Woellner in die Kommission zur Lösung der diesbezüglichen Probleme. Die von Woellner ausgearbeiteten Grundsätze wurden in die preußische Gesetzgebung aufgenommen. Seine für die damalige Zeit fortschrittlichen Gedanken und Grundsätze entwickelte er aus der genauen Kenntnis der elenden Lage der Landbevölkerung; so hatte zum Beispiel 1785 Andreas Wagenitz aus Klein Behnitz, Untertan des A. von Itzenplitz, noch folgenden Untertaneneid zu leisten:

»Ich, Andreas Wagenitz, schwöre zu Gott dem Allwissenden einen leiblichen Eid, daß nachdem ich zu einem Bauern und Untertanen allhier angenommen worden, ich der Königlichen Majestät von Preußen und meiner Herrschaft, dem Herrn von Itzenplitz und dessen Erben und Nachkommen treu, gehorsam und untertänig sein, deren Schaden und Nachteil, soviel an mir ist, abzuwenden bemühet, ihren Vorteil aber möglichst befördern will. Ferner schwöre ich, alle meine Dienste ordentlich zu leisten, meine Pächte oder Abgaben pünktlich und gehörig zu entrichten und abzutragen, mein Gut wohl bewirtschaften und jederzeit den Acker zu bestellen, den hiesigen Dorfeinrichtungen und Gewohnheiten mich überall gemäß und in allen und jeden Stücken mich so zu verhalten, wie es einem ehrlichen rechtschaffenden und treuen Untertanen eignet und gebühret, so war mir Gott zur Seligkeit durch seinen Sohn Jesum Christum verhelfen möge.«

Bei der Auflassung (Übergabe, Überlassung) des Hofes werden die Dienste und Abgaben des Wagenitz aufgeführt:

1. Er muss wöchentlich drei Tage mit Gespann oder nach Wahl der Herrschaft sechs Tage mit der Hand dienen.
2. In jeder der beiden Saatzeiten muss er einen Hilfstag mit dem Gespann verrichten.
3. Er muss beim Schafscheren und -waschen helfen.
4. Er gibt jährlich 1 Taler, 11 Groschen und 5 Pfennig Ochsenzins.
5. Er bezahlt jährlich auf Martini 1 Wispel (= 1319 l, d. Verf.) Roggen mit 18 Talern.
6. Er gibt auf Michaelis 12 Scheffel (1 Scheffel = ca. 55 l, d. Verf.) Roggen in natura.
7. Er bezahlt jährlich auf Martini 4 Scheffel, 8 Metzen (1 Metze = 3,4 l, d. Verf.) Gerste mit 2 Talern, 15 Groschen.
8. Desgleichen 4 Scheffel, 8 Metzen Hafer mit 1 Taler, 21 Groschen.
9. Er entrichtet jährlich 1 Schock (= 60 Stück, d. Verf.) Eier, 3 Hühner, spinnt 8 Stück Garn und liefert die Bunde zu 30 Mandeln (1 Mandel = 16 Stück, d. Verf.) ab.
10. Er gibt den Zehnten von allem Vieh an die Herrschaft.
11. Er muss alle nachbarlichen Gebühren leisten, nicht minder den Hirten, Prediger, Küster und Nachtwächter, was diesen gebührt, abtragen.

Zwölf Jahre später – im Jahre 1797 – führte Peter Alexander von Itzenplitz, der Sohn von Woellners Gönner und Herr auf Groß- und Klein Behnitz, Ehegatte der Henriette Charlotte Gräfin von Itzenplitz, geborene von Friedland (vgl. Text zu Abb. 45), in Kenntnis der Schriften Woellners die Aufhebung der Gemeinheiten, die so genannte Separation, auf seinen Gütern durch. Mit ihr waren drei wesentliche Änderungen verbunden:

1. Die regelmäßigen Spann- und Handdienste der Bauern wurden aufgehoben.
2. Gegen eine Abtretung von 1,6 Morgen (1 Morgen = 25 a; 100 a = 1 ha , d. Verf.) je Hufe (= ca. 61 Morgen = ca. 15 ha, d. Verf.) in Groß Behnitz und von 1,86 Morgen je Hufe in Klein Behnitz entfiel die Zehntverpflichtung.
3. Die Untertanen erhielten das erbliche Eigentumsrecht an ihrem Boden.

(Wanderungen durch den Kreis Nauen, Bd. 5)

Woellner wurde Mitglied im *»Berliner Montagclub«*, dem Treffpunkt der Berliner Aufklärer. Er heiratete 1766 Charlotte,

Abb. 46
I. C. v. WOELLNER UND C. A. C. v. WOELLNER GEB. v. ITZENPLITZ

Amalie von Itzenplitz, die Tochter seines ehemaligen Gönners. Diese Tatsache und der von dritter Seite unternommene Versuch, ihm den Adelstitel zu verschaffen, riefen Missfallen und Zorn Friedrichs II. hervor. Er ließ die Ehefrau, da sie einen Bürgerlichen geheiratet hatte, für geraume Zeit einsperren und stellte ihre Güter kurzerhand unter staatliche Verwaltung. Dem Nobilitierungsersuchen begegnete er mit den Worten: *»Das gehet nicht an, ich anoblire, wan einer sich durch Degen Meriten erwirbt, aber der Woellner ist ein betriegerischer und intriganter Pfafe, weiter nichts.«* 1770 ernannte Prinz Heinrich Woellner zum Rat in seiner Domänenkammer. Woellner wurde Freimaurer und gründete 1779 den Geheimorden der *»Gold- und Rosenkreuzer«*. In ihm hatten sich dem Mystischen zuneigende Freimaurer versammelt, die Staat, Gesellschaft und Kirche verändern wollten und dabei auf Magie, Alchimie und Geisterseherei zurückgriffen. In diesen Orden wurde auch der Thronfolger Friedrich Wilhelm aufgenommen.

Zehn Tage nach dem Tode Friedrichs II., 1786, ernannte Friedrich Wilhelm II. Woellner zum Geheimen Oberfinanzrat und erhob ihn wenig später in den Adelsstand. 1788 erhielt er die Stellung eines Wirklichen Geheimen Etat- und Justizministers und erließ bald darauf das aus seiner Feder stammende *»Edikt, die Religionsverfassung in den preußischen Staaten betreffend«*. Mit Hilfe dieses Ediktes versuchte Woellner, den nach dem Siebenjährigen Krieg aufgetretenen Verwirrungen von Glaube, Sitte und Moral, die sich in Gesellschaft, Kirche und Schule ausbreiteten, zu begegnen und den Aberglauben weiter Kreise zu bekämpfen. Gleichzeitig war es ein empfindlicher Schlag gegen die Aufklärung und Toleranz. 1791 folgt sein Zensuredikt. Die Kontrolle über Prediger und Lehrer zwecks Erhaltung der *»reinen Lehre«* wurde verstärkt, die *»Gesinnungsspionage«* amtlich, Zuwiderhandlungen und Abweichungen von der Lehre der symbolischen Bücher mit Strafen und Amtsenthebung bedroht. Ein Jahr nach dem Tode Friedrich Wilhelms II. (1797) erhielt Woellner von Friedrich Wilhelm III. die Entlassungsurkunde und zog sich in das Privatleben zurück. Religions- und Zensuredikt wurden aufgehoben. Auf seinem Gut Groß Rietz starb Woellner am 10. 09. 1800. Hier erinnert eine große Granitplatte nahe dem restaurierten Schloss an ihn und seine Gemahlin.

47. **Bornstedt** (Potsdam)

Eines der ältesten Gräber auf dem Bornstedter Friedhof ist das Barockgrab des Direktors der Potsdamer Gewehrfabrik und seiner Ehefrau.

Abb. 47
Dieser Stein decket den sterblichen Rest Herrn Johan Friedrich Rückers Direcktor der Königl. Gewehr Fabrique zu Potsdam. Er war geboh. 24 September 1708 zu Münster im Bregorienthal. Und ist nach einer 45-jährigen Dienstzeit seelig verstorben d 13, und hier begraben 15 April 1785 Seines Alters 76 Jahr 6 Mon. u. 20 Tage Seine beyde noch am Leben verbliebne Tochter, Enckel, u. Uhr Enkel beweinen den Verlust ihres redlichen Vaters und Groß auch Elter Vaters

Abb. 47
Grabstein des Johan Friedrich Rückers

Das Verarbeitungsmaterial für die Gewehrfabriken in Potsdam und Spandau kam aus der Drahtzugfabrik und Eisenspalterei des Franzosen Moïse Aureillon, der seit 1698 bei Neustadt-Eberswalde am Finowkanal sein Unternehmen angesiedelt hatte.

48. **Dallgow-Döberitz** (HVL),
westl. von Berlin-Spandau, an der B 5

Die von 1903 bis 1908 ausgebaute Heerstraße, die in die Bundesstraße 5 mündet und ursprünglich als Truppenanmarschweg gedacht war, führt von der Berliner Innenstadt in Richtung Hamburg vorbei am Truppenübungsplatz Döberitz. Dieser Truppenübungsplatz, auf der »Döberitzer Hochebene« zwischen Spandau, Wustermark und Potsdam gelegen, umfasst über 5 000 ha Übungsgelände und diente bereits Friedrich Wilhelm I. als Exerzierfläche. In den »Berliner geschriebene Zeitungen« liest man:

»Berlin, den 13. May 1713.« Dienstags giengen I. K. Maj. mit dem Herrn Gen.Lieutenant von Dörffling, der Sie stets außerhalb der Residenz accompagniret, auf des Herrn Geh. Rath Katschens Gut und ließen alda das Dörfflingsche Regiment Dragoner durch die Musterung passiren, worüber Sie nicht nur sehr satisfait waren, sondern es haben Sich auch Höchstgedachte K. Maj. auf solchem Gute eine Nacht aufgehalten.«

Abb. 48
Obelisk zur Erinnerung an die Feldübungen Friedrichs II.

Das erwähnte Gut ist Döberitz im Osthavelland. Friedrich II. hielt vor dem Siebenjährigen Kriege im gleichen Gelände große Truppenmanöver ab. Im Jahre 1753 zog er 44 000 Soldaten bei Spandau zusammen, das waren drei Armeen; sie unterstanden den Feldmarschällen Keith, Schwerin und Kalckstein.

Die vom 2. bis 14. September dauernden Übungen fanden zwischen Spandau, Dallgow, Rohrbeck, Döberitz, Groß-Glienicke und der Havel statt. Die Osthälfte des jetzigen Truppenübungsplatzes Döberitz war fast in ihrer ganzen Ausdehnung bereits im Jahre 1753 Übungsgelände Friedrichs des Großen. Die Übungen sind in den Kriegsgeschichtlichen Einzelschriften, herausgegeben vom Großen Generalstab, Abteilung für Kriegsgeschichte II, S. 597 bis 625, Heft 28/30: *»Die taktische Schulung der Preußischen Armee durch Friedrich den Großen während der Friedenszeit 1745 bis 1756«*, beschrieben. In Tagebüchern hatte ein Leutnant von Scheelen über alle Ereignisse, die sich in Potsdam und Berlin von 1750 bis 1756 zugetragen hatten, tägliche Aufzeichnungen gemacht und über die vom 1. Bataillon Garde ausgeführten Exerzitien, die der König meist persönlich leitete, bis in die kleinsten Einzelheiten berichtet.

In Erinnerung an diese Feldübungen ließ der Kaiser am 29. 05. 1903 auf dem Hasenheider Berg einen 11 m hohen Obelisk aus rotem Granit einweihen. In goldenen Lettern zeigten die vier Seitenflächen Inschriften.

Abb. 48

– *Wilhelm II. dem Andenken seines großen Ahnherrn seiner ruhmvollen Armee und heldenmütigen Tapferkeit*

- *Friedrich II. König von Preußen lag mit 44 000 Mann im Lager zu Döberitz 2.–14. September 1753*
- *Wilhelm II. Deutscher Kaiser König von Preußen lag mit dem Gardekorps im Lager zu Döberitz 28.–29. Mai 1903*
- *Friedrich II. der Große führte von diesen Feldern vor 150 Jahren sein Heer zu Kampf und Sieg Ihre Thaten bleiben unser Eigenthum ein Beispiel der Nacheiferung für alle Zeiten*

Döberitz, ursprünglich ein idyllisches Dörflein, das Schmidt von Werneuchen (vgl. Text zu Abb. 60) in zahlreichen Gedichten beschrieb, der Geburtsort des Ministers Woellner (vgl. Text zu Abb. 46), wurde 1895 nebst Gebietsanteilen angrenzender Gemeinden aufgekauft, geräumt und dem anderen Übungsgelände zugeschlagen; es löste den Schießplatz Tegel ab. Kasernenanlagen und eine Kirche wurden errichtet. Im Dallgow-Döberitzer Amtsboten (5. Jahrg., Aug./Sept. 1999, S. 5) ist als Erinnerung u. a. folgende *»wichtige«* Nachricht vom 15. Juni 1899 abgedruckt:

»Feldgottesdienste finden jetzt wieder sonntäglich im Döberitzer Truppen-Übungslager bei gutem Wetter statt. Der Feldaltar erhebt sich auf dem Kaiser Wilhelm Platz, flankiert von Artilleriegeschossen und je einem Geschütz. Beginn und Schluß des Feldgottesdienstes wird durch 3 Böllerschüsse angekündigt ...«. Im Laufe der Zeit wurden im Übungsgelände und im Bereich der Kasernen über elf Denkmale errichtet und diverse Erinnerungstafeln eingeweiht. Die meisten wurden nach 1945 zerstört beziehungsweise sind bis heute unzugänglich, nachdem die sowjetischen Truppen dieses Gelände am Ende des Krieges als Schieß- und Übungsplatz übernahmen.

Lit.: Deickert, P.

49. **Reckahn** (PM),
südl. von Brandenburg, westl. der B 102, südl. der A 2

Nördlich des Dorfes ließ F. E. von Rochow um 1790/1791 auf einem Hügel ein Denkmal in Form einer Pyramide errichten, um daran zu erinnern, dass 1741 während des Ersten Schlesischen Krieges über 40 000 preußische Soldaten ein halbes Jahr lang zwischen Göttin und Krahne lagerten, exerzierten und auf seinen Feldern große Verwüstungen anrichteten. Krankheiten forderten über 1 000 Menschenleben. Seit 1907 diente die Pyramide ebenfalls der Erinnerung an die Gründung des Regiments »Schwarze Husaren«.

An der Pyramide ist eine Tafel mit nachstehendem Text angebracht:

Abb. 49
Pyramide
in Reckahn

Abb. 49

AUF BEFEHL KÖNIG FRIEDRICH DES GROSSEN vom 9. August 1741 stellte Major v. Mackrodt, hier, im Heerlager von Reckahn-Göttin, am 5. September 1741 das »REGIMENT SCHWARZE HUSAREN« auf, bald als »die Totenköpfe«, eine Preußische Truppe von besonderem Ruf. Als einziges von allen Husarenregimentern überstand dieses Regiment in voller Stärke von 10 Escadrons den Zusammenbruch von 1806. Wegen seines »sowohl vom ganzen Korps, vom Lande, als selbst vom Feinde ohne Widerspruch anerkannten ausgezeichneten Betragens« in diesem Kriege seit dem 7. September 1808 LEIBHUSARENREGIMENT wurde es am 20. Dezember 1808 getheilt in ERSTES UND ZWEITES LEIBHUSARENREGIMENT am 14. September 1901 aber von KAISER UND KÖNIG WILHELM II. wieder vereinigt als LEIBHUSARENBRIGADE

Die Großtaten vergangener Tage sind ein reiches Erbe den folgenden Geschlechtern. Der edle Ehrgeiz, den Vorfahren zu gleichen, macht der Ehre theilhaftig, Mitbesitzer ihres Ruhms zu sein. Diese Gedenktafel stiftete am 9. August 1907 der Verein ehemaliger Leibhusaren von Berlin.«

Auf einer anderen Tafel ist zu lesen:

»Den toten Kavalleristen zum Gedenken und den Lebenden zur Mahnung. Dieses Denkmal wurde nach den schweren Jahren des Vaterlandes 1945–1990 mit der Wiedervereinigung Deutschlands durch den Traditionsverband Kavallerie-Regiment 5–Feldmarschall von Mackensen, Traditionsträger des 1. und 2. Leibhusarenregiments, Kommandeur, Major D. Grieser und die Bundeswehr, Panzeraufklärungsbataillon 80 Beelitz, Kommandeur Oberstleutnant Werren in kameradschaftlicher Zusammenarbeit restauriert. Diese Steinpyramide soll nun wieder in einem vereinten Deutschland von der Opferbereitschaft der früheren preußischen ›Schwarzen Totenkopfhusaren‹ und der deutschen Kavalleristen mit ihrem Kamerad Pferd künden. August 1992.«

Um die Ausführungen zu den Abbildungen 50–52 besser verstehen zu können, folgen Schilderungen über die Schulsituation in Preußen seit Friedrich Wilhelm I., dem eigentlichen Schöpfer der preußischen Volksschule. Durch den Erlass vom Jahre 1717 führte er den Schulzwang ein und verlangte den Schulbesuch der Kinder vom 5. bis 12. Lebensjahr. Die Geistlichen durften kein Kind konfirmieren, das nicht lesen konnte.

Am 12. 8. 1763 wurde das von Johann Julius Hecker (vgl. Text zu Abb. 51) ausgearbeitete und von Minister Freiherr v. Danckelmann gezeichnete *»General-Landschul-Reglement«* von Friedrich II. genehmigt. Es war die Fortführung der bereits unter Friedrich Wilhelm I. begonnenen Schulgesetzgebung: allgemeine Schulpflicht, staatliche Aufsicht über das Volksschulwesen unter Einschaltung der Geistlichkeit, einheitliche, bis ins Detail gehende Regelung des gesamten Unterrichtsbetriebes (Schulzeit, Stundenplan, Unterrichtsfächer, Lehrbücher). Unter Punkt 6 des Reglements heißt es:

Zur Subsistenz wird dem Schulmeister eine Kuh, ein Kalb, ittem ein paar Schweine und etwas Federvieh frei auf der Weide gehalten und 2 Fuder Heu und 2 Fuder Stroh gereichet.

Punkt 10: *Ist der Schulmeister ein Handwerker, kann er sich schon ernähren; ist er keiner, wird ihm erlaubt, in der Ernte 6 Wochen auf Tagelohn zu gehen.*

Friedrich II. wusste, dass nur durch die Anhebung des Bildungsstandes auf dem Lande der landwirtschaftliche Fortschritt, d. h. die Einführung neuer Agrarmethoden und dadurch die Steigerung landwirtschaftlicher Erträge, möglich sein würde. So hatte der König bereits in Reskripten seine Fürsorge für die Volks- und Landschulen zum Ausdruck gebracht.

Im Edikt von 1742 heißt es: *»Da die Schulmeister und ihre Gesellen statt der Eltern sind, so sollen sie sich der Jugend aufs treulichste annehmen und sie im Kathechismus und anderen guten Künsten mit Fleiß unterrichten, auch die Gesänge mit Fleiß halten. Diejenigen handeln ganz verkehrt, welche meinen, die Jugend sei mit dem Auswendiglernen so viel als möglich zu verschonen.«*

Für die Durchführung und den Ablauf des Unterrichts waren die Gemeinden beziehungsweise der Protektoratsadel zuständig. Die Folgen waren, dass der Unterricht in dunklen, miserabel ausgestatteten Räumen stattfand und die Lehrer erbärmlich besoldet wurden. Da sie mit ihrem Verdienst keine Familie ernähren konnten, fand man nur ungenügend qualifizierte Kräfte.

Mit dem unzureichenden Bildungssystem auf dem Lande ging eine kaum vorstellbare Armut der Landbevölkerung einher. 1771 schrieb der aufklärerische Schriftsteller und spätere Regierungspräsident in Lingen, Johann Michael v. Loen (1694–1776):

»Heute zu Tage ist der Landmann die armseligste unter allen Kreaturen: die Bauern sind Sklaven und ihre Knechte sind von dem Vieh, das sie hüten, kaum noch zu unterscheiden. Man kommt auf Dörfer, wo die Kinder halbnackend laufen und die Durchreisenden um ein Almosen anschreien. Die Eltern haben kaum noch einige Lumpen auf dem Leib, ihre Blöße zu decken. Ein paar magere Kühe müssen ihnen das Land bauen und auch Milch geben. Ihre Scheunen sind leer, und ihre Hütten drohen alle Augenblicke über einen Haufen zu fallen. Sie selbst sehen verkahmt (kümmerlich, elend) aus. Man würde noch mehr Mitleiden mit ihnen haben, wenn nicht ein wildes und viehisches Ansehen ein so hartes Schicksal an ihnen zu rechtfertigen schiene: Der Bauer wird wie das dumme Vieh in aller Unwissenheit erzogen.«
(Franz, G. [1963], S. 261 f.).

50. **Reckahn** (PM),
südl. von Brandenburg, westl. der B 102, südl. der A 2

Ein Schulmuseum und eine Grabstelle erinnern an eine der eigenwilligsten und zugleich verdienstvollsten Persönlichkeiten der Mark Brandenburg, den »Pestalozzi« von Reckahn (vgl. Text zu Abb. 52). Der Aufklärer Friedrich Eberhardt von Rochow (1734–1805), Erbherr auf »Rekan, Crane, Gettin« und anderen Gütern, bemühte sich, Unwissenheit und Not der Landbevölkerung zu lindern. Er erkannte bald die enge Beziehung zwischen sozialer Fürsorge, Bildung und der Möglichkeit, den materiellen Wohlstand zu verbessern. In *»Geschichte meiner Schulen«* (1795) schrieb er:

»Als in den Jahren 1771 und 1772 sehr nasse Sommer einfielen, ... auch tödliche Krankheiten unter Menschen und Vieh wüteten, da tat ich nach meiner Obrigkeitspflicht mein Mögliches, den Landleuten auf alle Weise mit Rat und Tat beizustehen. Ich nahm einen ordentlichen Arzt für die Einwohner auf meinen Gütern an.

Aber böse Vorurteile, Verwöhnung und Aberglauben, nebst gänzlicher Unwissenheit im Lesen und Schreiben machte alle meine guten Absichten fruchtlos. Sie empfingen zwar die Mittel, die ich bezahlte, nahmen sie aber nicht ein. Dagegen brauchten sie heimlich die verkehrtesten Mittel, liefen zu Quacksalvern und Wunderdoktoren, sogenannten klugen Frauen, Schäfern und Abdeckern, bezahlten dort reichlich und starben häufig dahin« (vgl. Text zu Abb. 43).

Seine *»ökonomischen«* Ideen und die seiner Zeit legte v. Rochow ab 1794 in den *»Annalen der Märkischen Oekonomischen Gesellschaft zu Potsdam«* nieder, deren Gründer und Mitarbeiter er war. In diesen Annalen werden die Verbesserung der landwirtschaftlichen Produktion und eine Veränderung der Agrarverfassung diskutiert, neueste Ackergeräte vorgestellt und besprochen. Auf seinen Gütern nimmt v. Rochow die Aufteilung der Gemeinheiten, d. h. vor allem der gemeinsamen Weideberechtigung an Weiden, Äckern, Wiesen und Forsten vor, wodurch die Pflichten und die Nutzung an diesem gemeinsamen Besitz entfallen und Eigenbesitz entsteht. Flurzusammenlegungen werden nun möglich. Auch Fron- und Spanndienste entfallen teilweise (vgl. Text zu Abb. 46); dadurch hebt er gleichzeitig den Lebensstandard seiner Bauern und schiebt dem Diebstahl auf seinen Gütern einen Riegel vor. *»Wenn nun hier der nicht minder boshafte als gequälte Bauersmann seinem Herrn etwas unterschlagen und mit List entwenden kann, so tut er solches mit dem besten Herzen von der Welt und bildet sich ein, die Gerechtigkeit sei nur ein ausgedachter Vorteil der Großen, damit sie alles sich zueignen könnten ...«* (Franz, G. [1963], S. 261 f.).

In seinem in 84 Paragraphen gefassten *»Menschenkatechismus«* versuchte von Rochow, einen anthropologischen Sammelpunkt zu zeigen, in dem sich alle Menschen in Gottes- und Menschenliebe finden können (Philipp, W., S. 297 ff.). Er begann, sich mit pädagogisch-didaktischen Fragen und der Methodik des Volksschulunterrichts zu beschäftigen und schrieb 1773 den *»Bauernfreund«*, das erste Volksschullesebuch, welches er einige Jahre später in *»Der Kinderfreund. Ein Lesebuch zum Gebrauch in Landschulen«* umbenannte. Dieses Buch war *»wohlfeil für 8 Kreuzer«* zu kaufen: *»... denn es muß in jedes Schulkindes Händen sein.«*

Auf eigene Kosten richtete v. Rochow in Reckahn und in seinen anderen Dörfern gut ausgestattete Schulen ein. Das ehemalige Schulgebäude, 1773 erbaut, ist heute ein Museum.

Von Rochow konnte bereits auf Vorbilder zurückgreifen. A. H. Francke hatte in Halle seine pietistische Ansicht von Leben und Lehre in die Schule eingeführt und sein Schüler, Johann Julius Hecker, rief um 1740 als Pastor in Berlin unter anderem sechs vierklassige Volksschulen ins Leben (vgl. Text zu Abb. 51). Der Gutsherr von Rochow hat selbst nie unterrichtet. Für den Unterricht engagierte er gut bezahlte Prediger oder in speziellen Seminaren ausgebildete Lehrer. Für die Schule in Reckahn warb er seinen Sekretär, Julius Heinrich Bruns, an, der 1772 zuerst im Schloss und ein Jahr später in einem eigens errichteten Schulhaus v. Rochows Ideen verwirklichte.

Auf dem Friedhof von Reckahn, neben der Kirche, befindet sich das Bruns'sche Grab. In Erinnerung an sein Schaffen wurde zusätzlich im Schlossgarten ein Stein mit aufgesetzter Urne errichtet: *Er war ein Lehrer J. H. Bruns gebohren 1746 gestorben 1794 an 48 Jahr* (ohne Abb.).

Die Schule in Reckahn und ihr Gründer von Rochow wurden schnell bekannt. K. Abraham v. Zedlitz, ab 1770 Justizminister und gleichzeitig für Kirchen- und Unterrichtsangelegenheiten zuständig, korrespondierte mit ihm und schuf nach seinem Vorbild Landschulen in Friedrichshagen (bei Berlin) und *»Elementarschulen«* in Berlin. Der durch seine *»Allgemeine Erdbeschreibung«* auf statistischer Grundlage (11 Bde.) berühmte Geograph Anton Friedrich Büsching (1724–1793), seit 1766 Oberkonsistorialrat und Direktor des *»Grauen Klosters«* in Berlin, ließ es sich nicht nehmen, v. Rochow in Reckahn aufzusuchen. Er legte seine Erfahrungen und Reiseeindrücke in seinem Buch *»Beschreibung seiner Reise von Berlin über Potsdam nach Rekahn unweit Brandenburg ... Mit Landcharten und anderen Kupferstichen«* (Leipzig 1775) nieder.

Abb. 50
Grab des F. E. v. Rochow und seiner Ehefrau

Auf dem Friedhof von Reckahn befinden sich die Gräber von Friedrich Eberhardt von Rochow und seiner Ehefrau – versehen mit einer Doppelstele und ihren Reliefportraits. Über den Inschriften ist zu lesen:

»Sie schätzten sich im Leben sehr und wünschten auch im Tode nicht getrennt zu sein.«

F. E. von Rochow ist Stifter des ersterrichteten Hakenberg-Denkmals (vgl. Text zu Abb.26).

Lit.: Heilmann, K.

51. **Köpenick** (Berlin), Schlosspark

Johann Julius Hecker (1707–1768) studierte in Halle Theologie, hörte noch einige Vorlesungen von A. H. Francke, wurde Mitglied des Seminariums in den Francke'schen Stiftungen und anschließend Lehrer am dortigen Pädagogium. Der von hier ausgehende Einfluss bestimmte sein ganzes späteres Leben und Wirken, so auch seine Zeit als Prediger, Schulinspektor und Lehrer am Militärwaisenhaus zu Potsdam. 1735 berief ihn Friedrich Wilhelm I. an die Dreifaltigkeitskirche in Berlin. Nach der Probepredigt bestellte ihn der König zu sich: *»Er muß, wie er heute getan, den Leuten den Herrn Christum predigen und sich der Jugend recht annehmen, denn daran ist das meiste gelegen.«*

Hecker bemühte sich, die *»höchst elenden und bejammernswürdigen Zustände der kleineren Stadt- und Dorfschulen zu beheben«*. Er versuchte, tüchtige Lehrer und Schulvisitatoren anzustellen, die eine Unterweisung in der Methode erteilen konnten und gründete im Anschluss an die 1747 in Berlin eröffnete Ökonomisch-Mathematische Realschule – den Vorläufer der späteren Realschulen – ein Lehrerseminar, das 1753 mit der Realschule verbunden und 1851 in das Schloss Köpenick verlegt wurde. Im dortigen Schlosspark steht ein 1898 von F. Volke entworfenes Denkmal für Hecker.

Abb. 51
Joh. Jul. Hecker
Begründer des
ersten preussischen
Lehrerseminars
1748

In diese Seminare sollten vor allem gesunde, ordentliche Handwerksburschen im Alter von 18 bis 30 Jahren aufgenommen werden, denn *»die mehresten Küster und Schulmeister können auf dem Lande nicht subsistieren, wann sie nicht zugleich ein Handwerk haben.«* Die ein bis zwei Jahre zu Unterrichtenden sollten *»preferablement vor andern für die vakanten Schulmeisterstellen genommen werden, damit sowohl das Heil und Beste der Jugend befördert, als auch dem Landmann der Seidenbau bekannt und beliebt gemacht werde«*, denn, so schrieb Hecker 1764 an einen befreundeten Prediger, *»als der König im Herbst 1759 in unserer Mittelmark mit dero Armeen stunden und gewahr wurden, wie gar schlecht die Jugend auf dem Lande unterrichtet werde, so faßte er damals den Entschluß, sobald Gott dem Kriege ein Ende gemacht habe, mit allem Ernst darauf bedacht zu sein, daß dem großen Verderben der Landschulen abgeholfen werde.«*

Nachdem Hecker 1763 einen Bericht über die Verbesserung der Schulen (bessere Lehrer, bessere Vorbereitung in Seminarien, bessere Aufsicht, Schulbücher, Methode, Disziplin und bessere Salaria) dem König eingereicht hatte, wurde er von diesem mit der Abfassung des erwähnten General-Landschul-Reglements (vgl. Text zu Abb. 50) beauftragt.
Lit.: Heilmann, K.

52. **Greiffenberg** (UM),
nördl. von Angermünde, an der B 198

Abb. 52
Johann Heinrich Pestalozzi
** 12. 1. 1746*
† 17. 2. 1827
dem Erzieher der Menschheit

Johann Heinrich Pestalozzi (1746–1827), der *»den Menschen zu einer freien, geistig und sittlich selbständigen Persönlichkeit heranbilden«* wollte (Franz, G. [1976], S. 239), hatte einen wechselvollen Bildungsweg. Er gab sein Jurastudium auf und erlitt auch als Landwirt Fehlschläge. In Neuhof gründete er 1774 eine Armenanstalt, in der er die Kinder unterrichtete und *»körperlich, geistig sowie sittlich«* erzog. Sechs Jahre später wurde die Anstalt aufgelöst. Sein Buch *»Lienhard und Gertrud«* trug ihm den Ruf eines sozialpädagogischen Schriftstellers ein.

1798 berief man Pestalozzi nach Stanz, wo er sich im dortigen Kloster fünfzig armer Waisenkinder annehmen sollte. Die Kinder waren völlig verwahrlost, doch er versuchte, *»die Kräfte der menschlichen Natur, die Gott auch in die ärmsten Kinder gelegt«*, zu entfalten. Er musste die Schule in Stanz auflösen, die zur *»Wiege der modernen Volkserziehung«* geworden war. 1800 gründete Pestalozzi eine neue Erziehungsanstalt, die zugleich Waisenhaus und Lehrerseminar sein sollte.

1811 verfasste Pestalozzi in 14 Briefen seine Schrift *»Wie Gertrud ihre Kinder lehrt«*, eine Anleitung für Mütter, ihre Kinder selbst zu unterrichten. Pestalozzi wechselte in die Anstalt von Iferten, die bald eine Hochschule der Pädagogik für ganz Europa werden sollte. Pestalozzi liegt auf dem Kirchhof zu Bürr begraben, wo man ihm ein Denkmal errichtete. Es trägt die Inschrift:

Hier ruht Heinrich Pestalozzi, Geboren in Zürich den 12. Januar 1746, Gestorben in Brugg den 17. Hornung 1827. Retter der Armen auf Neuhof, Prediger des Volks in »Lienhard und Ger-

trud«, In Stanz Vater der Waisen, Zu Burgdorf und Münchenbuchsee Gründer der neuen Volksschule, Zu Iferten Erzieher der Menschheit. Mensch, Christ, Bürger. Alles für andere, für sich nichts. Segen seinem Namen.

In Greifenberg setzte man ihm ebenfalls ein Denkmal.

Lit.: Heilmann, K.

Vorbemerkungen zu Abbildungen 53–56

Im 14. Jahrhundert entwickelten sich in Brandenburg allmählich Rechts- und Agrarstrukturen. Im Landbuch von 1375 heißt es: *»Statt des dem Markgrafen ursprünglich zu leistenden Dienstes, bestellten die Bauern von Richardsdorff* (Rixdorf-Neukölln, d. Verf.) *dem Komthur zu Tempelhof drei Tage im Jahr sein Feld«*, und 1383 gibt es ein Urteil des uckermärkischen Landrichters: *»Wenn ein Bauer von seines Herrn Gute oder Hufen ziehen will, so soll er diese dreimal pflügen und mit dem Winterkorn zusähen, das Bauerngut befreien von Jeglichem, was darauf liegt, das Gut verkaufen, wenn er kann, und so einen redlichen Biedermann darauf bringen, welcher seine Pflege geben mag. Kann er es nicht verkaufen, soll er es seinem Herrn aufsagen und aufgeben, am St. Petri-Tage oder vor dem selben dann die Pacht, zu der er noch verpflichtet ist, zahlen und darauf frei wegziehen, wohin er will, mit seinem beweglichen Vermögen.«*

(Schwalbe, G., II. S. 213 f.).

Im 15. und 16. Jahrhundert verschärften sich die Abhängigkeits- und Untertänigkeitsverhältnisse für die bäuerlichen Dorfbewohner. Der ritterschaftliche Besitz wurde vergrößert. Bei der Überlassung von Grund und Boden an die Bauern bestanden außer den bereits geschilderten Auflagen noch folgende (vgl. Text zu Abb. 46):

- Zustimmung zur Heirat der Untertanen;
- Zwang, ledige Landarbeiter zur Heirat und zum »Setzen« zu bringen;
- Gesindezwangsdienst von 3 Jahren für die Kinder der Untertanen;
- Behinderung der Freizügigkeit (Bewegungsfreiheit) durch die Pflicht, einen Ersatz zu stellen oder gänzliches Verbot der Freizügigkeit.

Friedrich der Große, dem die Verhältnisse auf dem Lande bekannt waren, versuchte Reformen herbeizuführen, die jedoch nur auf den königlichen Domänen Auswirkungen zeigten. Gleichzeitig fürchtete er eine Minderung der Pachterträge und Steuereinnahmen, die die Haupteinnahmequelle des Staates waren. Dennoch erließ er Edikte, die einen Teil der Auswüchse der Grundherrschaft beheben sollten:

- 17. Juli 1777, Verringerung der Dienstleistungen der Bauern auf den staatlichen Domänen von fünf auf drei Tage Frondienst;
- Erneuerung des Verbotes, Amtsuntertanen zu schlagen oder einzusperren. (Einige Adlige wurden sogar mit Gefängnisstrafen belegt.)

Da die Ackerflächen nicht genügend gedüngt werden konnten, war die Größe der Ackerfläche für den Ernteertrag entscheidend. So begann Friedrich II. 1747, um die Ernährung der Bevölkerung zu sichern, mit den großen Meliorationsarbeiten, d. h. den Trockenlegungsarbeiten am Rhinluch (vgl. Text zu Abb. 35). Die gewonnenen Flächen dienten vornehmlich dem verstärkten Anbau von Kartoffeln und Getreide. Die Arbeiten an den Flüsschen Dölln (1740–1755), Gilge (1747–1753), Jäglitz und Dosse (1749–1776), Nuthe und Plaue (um 1780) waren weitgehend abgeschlossen. 1791 war der 19 Kilometer lange Ruppiner Kanal fertig gestellt. Friedrich II. setzte 1747 die Meliorations- und Sicherungsarbeiten am Oderbruch, die sein Vater mit Hilfe von Holländern begonnen hatte, fort (vgl. Text zu Abb. 35); sowohl hier als auch im Warthe- und Netzebruch erzielte er die größten Landgewinne.

Er beauftragte den Mathematiker Leonhard Euler (Mitglied der Akademie der Wissenschaften), Leonhard von Haerlem (Sohn eines Elbdeichgrafen) und Samuel Schmettau (Präsident der Akademie der Wissenschaften) und andere, mit Gutachten über eine Eindeichung der Oder. Gegen den Widerstand vor allem der Fischer, die vom Fischfang in den Brüchen lebten, wurde die Oder 1753 zwischen Güstebiese und Hohenwutzen eingedeicht; ihr Lauf hatte sich um das 2,5fache verkürzt. Durch Trockenlegung entstand eine eingedeichte Tieflandfläche von 80 000 Hektar mit fruchtbarstem Boden. Über diese Leistung hat Friedrich II. später sagen dürfen: *»Hier habe ich im Frieden eine Provinz erobert, die mir keinen Soldaten gekostet hat.«* Die eingedeichte Fläche war jedoch immer wieder der Gefahr von Überflutungen – wie es 1997 der Fall war – ausgesetzt (Abb. 53).

Trotz der Meliorationen und Kolonisationen war bis zum Ende des 18. Jhs. die Ernährung der Bevölkerung nur knapp gesichert, da zum Beispiel die Brache zur Erholung der Böden etwa 30 Prozent der Ackerfläche einnahm.

Die Namen sowohl der neu gegründeten als auch die etlicher alter Dörfer, deren Wirtschaftsfläche sich vergrößert hatten, begannen mit *»Neu«*: Neuranft, Neutrebbin (Abb. 54), Neuglietzen, Neuküstrinchen usw., aber auch Dörfer wie Letschin (Abb. 55) gehören dazu. Im unteren Oderbruch wurden etwa 30 Straßendörfer neu geschaffen. Die Fachwerkhäuser – fast alles Mittelflurhäuser und erhöht gelegen – waren in Größe und Aussehen einheitlich; alles war geplant. Zu den Ortsansässigen im Oderbruch kamen Salzburger, Sachsen, Polen, Waldenser und Franzosen hinzu. Sie erhielten wenigstens drei Hektar Land, waren frei von Erbuntertänigkeit, brauchten mehrere Jahre keine Steuern zu zahlen und hatten viele weitere Vergünstigungen. Die Neuansiedler machten aus dem Oderbruch eine der fruchtbarsten Agrarlandschaften Preußens und förderten den Handel. Man erntete Kartoffeln (um 1800 rund 900 t in ganz Brandenburg), Getreide, Tabak und Zuckerrüben. Zuckersiedereien, Schnapsfabriken und Spinnereien wurden errichtet.

Auch in anderen Gegenden Brandenburgs ließ Friedrich II. Kolonistendörfer gründen, zum Beispiel bei Alt Frohnsdorf (Abb. 55), in Marienwerder (Abb. 56) in Kloster Zinna (s. Text Abb. 56)sowie im Spreewald (s. Text Abb. 55). Insgesamt entstanden während seiner Regierungszeit etwa 850 neue Dörfer.

Lit.: Abel, W; Franz, G; Schwalbe, G.

Abb. 53 Denkmal zur Erinnerung an die Hochwassergefahr im Jahre 1997 »Balance der Kräfte« von Matthias Körner

53. **Neu Ranft** (MOL),
n.-östl. von Bad Freienwalde

Im Sommer 1997 hatte das »Jahrhundert-Hochwasser« der Oder weite Teile des Niederoderbruchs bedroht. Im Juli kam es in den Deichen und in der Deichkrone zu Böschungsbrüchen und Rissbildungen. Durch die schnellen Einsätze der Bundeswehr gelang es, ein Brechen der Deiche und somit eine Katastrophe für das gesamte Gebiet des Oderbruchs zu verhindern. In Erinnerung an die Hochwassergefahr und die Hilfe der Bundeswehr am »Oderbogen«, vor allem zwischen Neuglietzen und Güstebieser Loose, wurden bei Neuranft drei Denkmale aufgestellt.

Zwei geschliffene Granitblöcke tragen die Inschriften:

- *»Hier habe ich im Frieden eine Provinz erobert, die mir keinen Soldaten gekostet hat«* (Friedrich der Große) *Deutsche Soldaen haben diese Provinz beim Jahrhunderthochwasser 1997 gerettet. Kameradschaft der Eisenbahnpioniere im Waffenring*
- *Mit Gottes Hilfe haben die Bundeswehr, freiwillige Helfer aus ganz Deutschland und die Einwohner der Region den Deich und ihre Heimat gegen das Jahrhunderhochwasser 1997 verteidigt. Ihnen allen gehört unser Dank und unsere Erinnerung. Die Gemeinden des Amtes Barnim-Oderbruch*

54. **Neutrebbin** (MOL),
s.-östl. von Bad Freienwalde, östl. der B 167

Abb. 54 Standbild Friedrichs des Großen vom Bildhauer Roland Rother 1994 neu geschaffen wurde

In Neutrebbin – ursprünglich berühmt für seine Viehmast und den Gänsehandel – steht seit 1904 auf einem Sockel ein 3 m hohes Bronzestandbild Friedrichs des Großen, gestaltet von dem Berliner Bildhauer Wefing. Nach 1945 zerstört, wurde es 1994 zum 90-jährigen Jahrestag des Denkmals originalgetreu wieder aufgerichtet. Die Sockelseiten zeigen das Relief des neu gewonnenen Oderlandes und zwei Reliefplatten mit Aussprüchen Friedrichs II.

Abb. 54

- *HIER HABE ICH IM FRIEDEN EINE PROVINZEROBERT, DIE MIR KEINEN SOLDATEN GEKOSTET HAT*
- *ES IST NICHT NÖTIG, DASS ICH LEBE ABER ES IST NÖTIG, DASS ICH ARBEITE, SO LANGE ICH LEBE, UM MEIN VOLK GLÜCKLICH ZU MACHEN.*

Ein Gedenkstein neben dem Bronzestandbild erinnert an die Hochwassergefahr 1997 und den Einsatz der Bundeswehr.

In **Letschin** (MOL, s.-östl. von Wriezen und Bad Freienwalde), einem der größten Dörfer des Oderbruchs, befand sich seit 1905 auf dem Dorfplatz ein Denkmal Friedrichs II. – ähnlich dem in Neutrebbin – geschaffen von dem Berliner Bildhauer von Glümer. Die zehn Tonnen schwere, drei Meter hohe Bronzestatue steht auf einem Sockel. Das Denkmal verschwand 1945 und wurde 1990 restauriert wieder aufgestellt.

55. **(Alt) Frohnsdorf** (PM),
südl. von Treuenbrietzen, an der B 102

Abb. 55 Gründungsstein für das Dorf Frohnsdorf

1375 gehörten zu Alt Frohnsdorf etwa 44 Hufen. 1428 verkaufte es sein Besitzer, Hans von Lindow, an die Stadt Treuenbrietzen. Ende des 15. Jhs. ist das Dorf wüst, man ließ jedoch ein Vorwerk mit einer Schäferei und Meierei einrichten, die nach dem Dreißigjährigen Krieg verpachtet wurden. 1854 wurde das Vorwerk aufgelöst.

1775 wies Friedrich II. die königlich-preußischen Behörden an, sechs Büdner, die aus sächsischen Dörfern kamen, nahe dem alten Frohnsdorf anzusiedeln. Auf Staatskosten wurden 3 Doppelhäuser erbaut. Die Siedler erhielten nahe der alten, durch den Findling markierten Siedelstelle jeweils 1 Morgen (1/4 ha) Acker und Wiese, durften Holz aus dem Wald holen und mussten je Kuh und Schwein, die sie auf der Weide hielten, 16 beziehungsweise 4 Groschen entrichten. Nach 3 Freijahren waren jährlich ein Taler Grundzins zu zahlen und 1 Tag Frondienst in der Woche zu leisten. Später wurde dieser Zins durch ein Dienstgeld von 17 Groschen abgelöst. Zwischen 1801 und 1803 wurden 4 weitere Kolonisten angesiedelt. 1854 konnten die Kolonisten in Frohnsdorf ihren Besitz als Eigentum erwerben.

Abb. 55
HIER LAG DAS ALTE FROHNSDORF GEGRUENDET UM 1200 UNTERGEGANGEN UM 1450 VERGISS NICHT DER VAETER KAMPF ARBEIT UND NOT!

In **Neulübbenau** (LDS; nördlich von Lübben, an der B 179) erinnert ein Findling an die Gründung des Dorfes im Jahre 1747.

Abb. 56
Gedenkstein an den Bau des Finowkanals und an die Ortsgründung

56. **Marienwerder** (BAR),
westl. von Eberswalde, an der B 167

Der Ort liegt zwischen dem Oder-Havel-Kanal und dem Finowkanal (vgl. Text zu Abb. 6). Neben der Kirche erinnert eine auf einem Steinsockel befindliche Bronzebüste Friedrichs II., geschaffen von Manfred Salow aus Klosterfelde (1928), an die Erbauung des Finowkanals 1746 und gleichzeitig an die Ortsgründung im Jahre 1755.

Abb. 56
Friedrich II. 1712–1786 ließ 1746 den Finowkanal neu erbauen und 1755 den Ort Marienwerder errichten.

Mit dem Finowkanal sollten die Verbindungen zwischen Oder, Havel und Elbe ausgebaut, verbessert und die Erschließung des Landes vorangetrieben werden (vgl. Text zu Abbildung 24).

Zwischen 1764 und 1775 versuchte Friedrich II., durch Ansiedlung von sächsischen Webern und Spinnern, das Wirtschaftsleben in der Ortschaft **Kloster Zinna** (TF, nördl. von Jüterbog, an der B 101) zu fördern. Es entstand ein Straßendorf mit überwiegend Zweifamilienhäusern. Hieran erinnert ein Denkmal für Friedrich II., das 200 Jahre später errichtet wurde und auf dem Dorfanger steht. An dem Sockel ist eine Tafel befestigt (ohne Abb.):

– *FRIEDRICH DEM GROSSEN DEM BEGRÜNDER DER STADT IM JAHRE 1764 DAS DANKBARE KLOSTER ZINNA 1864*

57. **Neuhardenberg** (MOL),
östl. von Strausberg, an der B 167

»Nach dem Tode des Markgrafen Karl fielen die am Rande des Oderbruchs gelegenen Güter desselben, Friedland und Quilitz, an die Krone zurück. Aber nicht auf lange; Friedrich II. verschenkte sie im selbigen Jahre noch, und zwar vergab er Friedland an den damaligen Major von Lestwitz (›Lestwitz a sauvé l'Etat‹ – Lestwitz hat den Staat gerettet, vgl. Text zu Abb. 45, d. Verf.), *Quilitz an den Oberstlieutenant von Prittwitz, der in der Schlacht bei Kunersdorf, als Rittmeister bei den Zietenschen Husaren, den König vor drohender Gefangenschaft gerettet hatte.«* (Prittwitz a sauvé le Roi – Prittwitz hat den König gerettet, vgl. Text zu Abb. 37.).

Prittwitz ließ 1763 ein eingeschossiges Schloss errichten. *»Im Park (von Quilitz) ... erhebt sich malerisch das Marmordenkmal, das Prittwitz im Jahre 1792 dem Andenken des großen Königs errichten ließ. Die Zeichnung zu diesem Monumente wurde von Johann Meil, dem damaligen Vizerektor der Berliner Akademie der Künste, entworfen, die Ausführung in carrarischem Marmor aber einem Bildhauer in Lucca, namens Joseph Martini anvertraut. Die Worte, die dieser an der linken Seite des Denkmals eingraviert hat, lauten: ›Joseph Martini LUCENSIS inventor faciebat 1792‹; also etwa: Joseph Martini von Lucca hat es erfunden und ausgeführt, oder erdacht und gemacht ... Ein Säulenstumpf trägt das Reliefbild des großen Königs; ein trauernder Mars, kniend, umklammert von der einen Seite her die abgebrochene Säule, während sich eine aufrecht stehende Minerva von der andern Seite her an den Säulenstumpf lehnt ... es ist das erste Denkmal, das dem Andenken des großen Königs errichtet wurde.«*
(Fontane, Th.; Oderland, S. 140 ff.)

Abb. 57
Denkmal für Friedrich II.

Abb. 57
Denkmal für Friedrich II.

1810 gelangte Quilitz wieder in den Besitz der Krone. 1814 erhält es der Staatskanzler von Hardenberg als Dotationsgut. Der Name Quilitz wird in Neu-Hardenberg umgeändert (vgl. Text zu Abb. 87).

Denkmale aus der Zeit Friedrich Wilhelms II. (1786–1797)

Abbildungen 58–59

Auf die Zeit Friedrich Wilhelms II. (1786–1797) weisen nur drei Denkmale in der Mark Brandenburg hin: die bereits erwähnte Erinnerungsstätte für J. Ch. Woellner (vgl. Text zu Abb. 46), der unter Friedrich II. wirkte und in der Zeit Friedrich Wilhelms II. durch seinen Gold- und Rosenkreuzerorden sowie durch sein Religionsedikt bekannt wurde; die beiden anderen erinnern an F. W. A. Schmidt von Werneuchen (Abb. 58) und an den Komponisten F. H. Himmel (Abb. 59).

58 **Werneuchen** (BAR),
s.-östl. von Bernau, an der B 158

Friedrich Wilhelm August Schmidt wurde 1764 in Fahrland geboren. Durch den frühen Tod seines Vaters kam er mit 10 Jahren in ein Potsdamer Waisenhaus, studierte Theologie in Halle und erhielt 1795 eine Pfarrstelle in Werneuchen. Nach diesem Ort seines Wirkens erhielt er den dichterischen Beinamen »Schmidt von Werneuchen«. Th. Fontane ist auf diesen märkischen Poeten mehrfach eingegangen und auch Goethe wusste ihn – trotz seines in den Xenien formulierten Spotts und seiner Kritik – letztendlich zu würdigen. Schmidt von Werneuchen war ein Natur- und Gartenfreund, ein Träumer auf der Suche nach Glück und Idylle, die er im ländlichen Leben zu finden glaubte. Von seinen naiv innigen Gedichten, die ihn über seine Heimat hinaus bekannt gemacht haben, ist sicherlich das in Hexametern abgefasste über seinen Geburtsort Fahrland das bekannteste. Es werden der erste und letzte Vers aus dem Gedicht über das Dörfchen Uetz wiedergegeben:

Die Frühlingssonne schimmert schon so früh
Vom hohen Haselberg in's Thal hinunter;
Entgegen jubelt ihr das Federvieh;
Die Schwalben schrei'n, der Truthahn kullert drunter
Wie reitzend sind, du schönes Dörfchen Uetz!
Heut deiner Gärten Apfelblüthenreiser,

Dein gothisch Kirchlein, deiner Fischer Kietz;
Dein Pfarrgehöfte, deine Bauernhäuser!

Die Pferde sind zur Rückfahrt angespannt;
Vom Felde treibt der Kuhhirt durch die Gassen
O! schönster Ort im ganzen Havelland!
Wer könnte dich je ungerührt verlassen?
Ja! Wär' ich König: heut verschmäht' ich Burg
Und Rittersaal und Thron und Marmorschwellen,
Und hörte gern die ganze Nacht hindurch.
Dein Froschkonzert und deiner Hunde Bellen.

Abb. 58
Friedrich Wilhelm August Schmidt, Grabstelle neben der Kirche

Eine Gedenktafel mit nachstehenden Text befindet sich im Pfarrhaus von Werneuchen:

*An dieser Stätte wirkte und weilte 1795–1838 der Dichterpastor F. W. A. Schmidt von Werneuchen * 23. 3. 1764 † 26. 4. 1838*

Abb. 58
F. W. A. Schmidt Prediger zu Werneuchen und Freudenberg Ritter des Rothen Adlerordens 4ter Klasse geboren den 23. März 1764 gestorben den 26. April 1838

Lit.: Bruyn, G. de (Hrsg.), Einfalt und Natur

Abb. 59
Friedrich Heinrich Himmel

59. **Treuenbrietzen** (PM), an der B 2

Friedrich Heinrich Himmel, am 10. November 1765 in Treuenbrietzen geboren, erlernte das Klavier- und Orgelspiel. Friedrich Wilhelm II. schickte ihn zum Musikstudium nach Dresden und Italien. 1795 ernannte er ihn zum Königlichen Kapellmeister. F. H. Himmel gab Konzerte in St. Petersburg, Riga, Hamburg, Wien und Stockholm. 1786 begegnete er Beethoven und 1811 in Karlsbad Goethe. Himmel war u. a. Klavierlehrer von Königin Louise. Am 8. Juni 1814 starb er in Berlin mit 49 Jahren. Er komponierte Opern, Oratorien, Singspiele, Kantaten und Sonaten. Im Park von Treuenbrietzen steht ein 1865 errichteter Sandsteinsockel mit seinem Bronzemedaillon, nach Zink geschaffen.

Lit.: Blume, Fr.

Denkmale aus der Zeit Friedrich Wilhelms III. (1797–1840)

Abbildungen 60–114

Friedrich Wilhelm III. (1797–1840) annullierte das Religions- und Zensuredikt seines Vorgängers (vgl. Abb. 46). Die Frondienste der Domänenbauern wurden 1799 aufgehoben (vgl. Abb. 87, 89). A. Thaer ging nach Brandenburg und revolutionierte die Landwirtschaft (Abb. 60). Der Forstwissenschaftler F. W. L. Pfeil wirkte in Eberswalde (Abb. 61). Der für die Wirtschafts- und Landesentwicklung insgesamt so wesentliche Straßenbau wurde vorangetrieben (Abb. 62–73); auf die Besonderheit der Schlagsteine wird hier hingewiesen (Abb. 74).

In die Zeit Friedrich Wilhelms III. fällt das Wirken der Dichter E. von Houwald (Abb. 75) und W. Alexis (Abb. 76), des Komponisten C. G. Reißiger (Abb. 77) und des Bildhauers J. G. Schadow (Abb. 85, 86).

Die Armeen Österreichs und Russlands verloren 1805 – trotz zahlenmäßiger Überlegenheit – die *»Dreikaiserschlacht«* gegen Napoleon. Obwohl das preußische Heer dem französischen unterlegen war, erklärte Preußen Napoleon wegen Verletzung preußisch-ansbachischen Gebietes im September 1806 den Krieg. In der Doppelschlacht bei Jena und Auerstädt wurde die preußische Armee vernichtend geschlagen. Die Reste zogen sich in Richtung Osten zurück (Abb. 78, 79). Der preußische Hof floh nach Königsberg i. O. Am 27. 10. 1806 zog Napoleon im Triumph in Berlin ein. Eindrücke vom *»flachen Lande«* aus dieser Zeit geben ein Brief des Landrats von Zieten aus Wustrau (Abb. 80) und ein Denkmal für zwei von Franzosen erschossene Bürger (Abb. 81) wieder.

1806 griff Russland in den Krieg ein. Die Armee Napoleons, Ende des Jahres 1806/Anfang 1807 wegen ungünstiger Witterung und schlechter Straßenverhältnisse im preußisch-russischen Grenzgebiet aufgehalten, nutzte dies zum Ausbau ihrer Stellungen und verstärkte die Blockade der noch nicht eingenommenen Städte. Immer wieder kam es zu Attacken russisch-preußischer Truppen gegen die französischen Stellungen, gegen ihre

Blockaderinge und –hauptquartiere. Daran erinnert eine Holztafel in der Kirche von Rühstädt (Abb. 82).

1807 wurden die Russen bei Friedland endgültig von den französischen Truppen geschlagen. Da Napoleon Russland zur Aufrechterhaltung seiner Kontinentalsperre gegen England brauchte, schloss er 1810 den *»Frieden von Tilsit«*. Preußen bestand jetzt nur noch aus Brandenburg, Ostpreußen, Pommern und Schlesien. Der vielbeschriebene *»Bittgang«* von Königin Louise zu Napoleon, um die harten Friedensbedingungen, vor allem auch die Kriegstribute, zu mildern, blieb ohne Erfolg. Die Kriegsbeute der Franzosen an Kunstschätzen, Geld und Gold war beträchtlich; die Kriegszahlungen betrugen 154,5 Millionen Franken. Preußen brach politisch, wirtschaftlich und militärisch zusammen. 1810 starb Königin Louise (Abb. 83–85).

Durch den Minister Freiherr vom und zum Stein kam es zu ersten Reformen in Preußen (Abb. 87–89). Seine Reformbewegungen, die Landwirtschaft betreffend, stießen jedoch auf den Widerstand eines Teils des Landadels (Abb. 90). Napoleon verlangte Steins Entlassung. Reichsfreiherr von Hardenberg folgte ihm im Amt und setzte dessen Reformen diplomatischer fort.

Im militärischen Bereich wurden die Generäle Scharnhorst, Graf von Gneisenau, von Clausewitz und von Boyen tätig. G. J. D. von Scharnhorst arbeitete an einer Heeresreform zur Befreiung Preußens vom französischen Joch. Im gleichen Jahr begrenzte Napoleon das preußische Heer auf 42 000 Mann und erklärte Russland, das die Kontinentalsperre nicht mehr aufrecht hielt, den Krieg. Mit Hilfe der Rheinbundstaaten stellte er eine Armee von fast 500 000 Mann auf. Preußen musste 20 000 Soldaten seinem Befehl unterstellen. Ende 1812 rückte Napoleon in das verbrannte und winterliche Moskau ein. Ohne ausreichende Versorgung, zogen sich die Soldaten der »Großen Armee« überstürzt nach Preußen zurück; geplagt von Kälte, Wunden und Hunger (Abb. 91). Napoleon eilte nach Paris. Major Ferdinand v. Schill (Abb. 92, 93) und andere Offiziere wollten gegen die Franzosen ziehen. Seit 1811 hielten sich Clausewitz, Scharnhost, vom Stein, Ernst Moritz Arndt u. a. am Zarenhof in St. Petersburg auf. Durch diplomatische Aktivitäten gelang es ihnen, General von Yorck (Abb. 94), der die für Frankreich kämpfenden Teilstreitkräfte Preußens führte, zur Unterzeichnung der »Konvention von Tauroggen« (30. 12. 1812 – ohne Zustimmung Friedrich Wilhelms III.) – zu bewegen. Dies kam einem Bündnis mit Russland gleich. Yorcks Handlung entsprach der allgemeinen Stimmungslage im Land, wie sie Max von Schenkendorf in seinem Gedicht ausdrückte:

»Freiheit, die ich meine, die mein Herz erfüllt, komm mit deinem Scheine, süßes Engelsbild ... «.

Im Februar 1813 rief der König die Jugend auf, als Freiwillige in »Jägerdetachements« zu dienen. Dem Drängen Lützows (Abb. 95, 96), »ein Königlich-Preußisches Freikorps« zu bilden, stimmte der König zu. Die Organisation dieses Freikorps lag in den Händen von Friedrich Ludwig Jahn (Abb. 97, 98). Zu diesem Zeitpunkt kämpften russische Truppen bereits auf preußischem Gebiet gegen die Franzosen (Abb. 99, 100). Andere Freikorps, unter Schill, Hellwig (Abb. 92, 93) und Colomb, kamen hinzu. F. A. P. von Colomb gehörte zu den Tapfersten. Er nahm am 29. Mai bei Zwickau mit 82 Mann einen französischen Artilleriepark weg, dessen Begleitung aus 6 Offizieren, 116 Mann Reiterei, 80 Mann Infanterie und aus mehreren hundert bewaffneten Tross-Soldaten bestand.

Aus Idealismus, Vaterlandsliebe und Hass gegen die Franzosen liefen die Freiwilligen – darunter auch Frauen – zu Hunderten in die Jägerdetachements (Abb. 96). Leute aller Stände meldeten sich: Schüler, Studenten, Akademiker, Dichter, Künstler, Handwerker, Arbeiter und Bauernsöhne. Ähnlich besetzt waren die Landwehr (vgl. Abb. 90) und der Landsturm (Abb. 99), in dem Johann Gottlieb Fichte Dienst tat. Der Dichter C. Immermann nannte diese Freischaren »Die Poesie des Heeres«.

Die Dichter Ernst Moritz Arndt, Theodor Körner, Max v. Schenkendorff, de la Motte Fouqué (Abb. 101), Ludwig Uhland, Friedrich Rückert, Achim von Arnim (Abb. 102), Friedrich Schlegel und andere beteiligten sich persönlich und/oder mit ihrer Kriegspoesie am Kampfe. Die Aufforderung Heinrich v. Kleists zum Kampf gegen die Fremdherrschaft verbreitete sich in Windeseile durch Preußen:

»Wer in unzählbaren Wunden jener fremden Hohn empfunden, Brüder, wer ein deutscher Mann, schließe diesem Kampf sich an!«

Man sammelte Goldringe im Tausch gegen Eisenringe mit der Aufschrift »Gold gab ich für Eisen« und brachte insgesamt etwa 10 Millionen Taler zur Rettung des Vaterlandes auf. Im Februar 1813 wurden in Breslau und Kalisch Bündnisverträge zwischen Preußen und Russen unterzeichnet. Preußen hatte über 200 000 Mann zum Kampf gegen Napoleon aufzubringen, den Oberbefehl erhielt General Blücher. Am 11. März zogen russische Truppen unter General Graf Wittgenstein, wenige Tage später die Yorckschen Truppen, in Berlin ein. Am 16. März wurde Napoleon der Krieg erklärt. Einen Tag später erging der von Staatsrat Th. G. von Hippel verfasste, von Gneisenau inspirierte Aufruf Friedrich Wilhelms »An mein Volk«. Das »Eiserne Kreuz« wurde gestiftet; Landwehr- und Landsturmgesetze traten in Kraft.

Napoleon kehrte aus Frankreich zurück. In den ersten Schlachten wurden die preußisch-russischen Truppen geschlagen, sie zogen sich hinter die Elbe zurück. Am 4. Juni 1813 setzte ein sechswöchiger Waffenstillstand ein. Während dieser Zeit ließ Napoleon Vorbereitungen für die Fortsetzung des Krieges durchführen und hob weiter Soldaten, vor allem deutscher Nation, aus (Abb. 103). Die Verhandlungen auf dem Kongress zu Prag scheiterten. Kaiser Franz I. erklärte Napoleon am 12. August 1813 den Krieg. Die Schweden hatten sich den Alliierten angeschlossen. Der schwedische Kronprinz J.-B. Bernadotte übernahm die Führung der Nordarmee. Napoleon verfügte über 600 000 kampffähige Soldaten, die Alliierten über nicht ganz 900 000. Im August siegte Napoleon bei Dresden.

Am 21. August gab es mit den Franzosen erste »Geplänkel« bei Mellen-Sielow (Abb. 104). Am 22. August fand ein Gefecht bei Wietstock statt (Abb. 105). Einen Tag später, am 23. August, wurde Marschall Oudinot in der Schlacht von Großbeeren (Abb. 106) besiegt. Zu kleinen Nachgefechten kam es am 25. August bei Sperenberg (Abb. 107). Blücher schlug Marschall MacDonald am 26. August an der Katzbach bei Wahlstatt, General Hirschfeld besiegte die Truppen Girards in der Schlacht von Hagelberg (Abb. 108), und am 31. August erlitt das französische Armeekorps unter Vandamme bei Nollendorf eine vernichtende Niederlage. War nach der Schlacht von Großbeeren die Einnahme Berlins verhindert, so wurde sie nach dem Sieg am 6. September 1813 über die Truppen des Generals Ney bei Dennewitz (Abb. 109, 110) endgültig unmöglich.

Nach der gewonnenen Schlacht Yorcks bei Wartenburg wurden Napoleons Truppen von den Alliierten bei Leipzig zusammengedrängt. Am 16. Oktober begann die »Völkerschlacht«. 160 000 französische Soldaten standen 250 000 alliierten Soldaten gegenüber. Der Kampf dauerte bis zum 19. Oktober. Blücher schlug die Franzosen vernichtend. Napoleon musste abdanken. Im September 1814 begann der Wiener Kongreß. Sachsen wurde gezwungen, Teile seines Territoriums an Preußen abzutreten (vgl. Vorbemerkungen zu Abb. 66–68).

Die Auswirkungen der napoleonischen Herrschaft beschreibt Caratini wie folgt:

»Die erste Militärdiktatur der neuen Zeit, absolute Verachtung der Menschenrechte und der Völker, eine durch die geheime Staatspolizei verhöhnte Freiheit, die Pressezensur, der Genozid von Santo Domingo, die Wiedereinführung der Sklaverei auf den Antillen und die schändlichen Dekrete gegen die Juden im Jahre 1808. Das alles wies im Endergebnis eine katastrophale Bilanz auf – 1 800 000 französische Soldaten getötet und Frankreich während eines halben Jahrhunderts unter dem Bann Europas: wie konnte man aus diesem Menschen einen Mythos machen?« (Caratini, R.; Vorbemerkungen).

Nach den Befreiungskriegen wurden viele Erinnerungstafeln und -steine enthüllt, die einzelnen Personen gewidmet waren (Abb. 111, 112) oder allgemein an diesen Krieg, vor allem an die hundertjährige Wiederkehr der Erhebung Preußens und der Völkerschlacht von Leipzig, erinnern (Abb. 113, 114).

60. **Möglin** (MOL),
südl. von Bad Freienwalde, westl. der B 167

Durch eine starke Bevölkerungszunahme im letzten Viertel des 18. Jahrhunderts stieg der Bedarf an Lebensmitteln. Eine größere Produktion wurde verhindert durch
- die Erbuntertänigkeit/Leibeigenschaft }
- die Dreifelderwirtschaft und den Flurzwang } vgl. Abb. 46, 87
- die Nutzung und die Pflichten des gemeinsamen Besitzes
- eine ungenügende Bodenbearbeitung mit schlechten Produktionsinstrumenten
- eine ungenügende Bodenverbesserung
- einen ungenügenden Viehbestand (vgl. Vorbemerkungen zu Abb. 53–56).

Immer stärker rückte die Landwirtschaft in das allgemeine gesellschaftliche Interesse. In dieser Zeit wuchs die Zahl der Landwirte, Nationalökonomen und Naturwissenschaftler, die sich wissenschaftlich mit der Landwirtschaft beschäftigten. Zu den fortschrittlichen Landwirten zählten in der Mark Brandenburg u. a. Frau von Friedland (vgl. Text zu Abb. 45), F. L. von d. Marwitz (vgl. Text zu Abb. 90), Graf Hardenberg (vgl. Text zu Abb. 87, 89), F. E. von Rochow (vgl. Text zu Abb. 50).

Der Mann, von dem der eigentliche Fortschritt der Landwirtschaft in Preußen und vielleicht in Europa ausging, war Albrecht Daniel Thaer (1752–1828). Er studierte Medizin in Göttingen und praktizierte in Celle. 1786 erwarb er einen landwirtschaftlichen Betrieb von 30 Hektar. Fortan beschäftigte er sich wissenschaftlich mit der Landwirtschaft und Nationalökonomie. Vor allem die englische Landwirtschaft war ihm Vorbild. Von 1798–1804 schrieb Thaer die *»Einleitung zur Kenntnis der englischen Landwirtschaft und ihrer neueren praktischen und theoretischen Fortschritte in Rücksicht auf Vervollkommnung deutscher Landwirtschaft für denkende Landwirthe und Cameralisten«*. Dieses dreibändige Werk machte ihn berühmt.

1799 begann Thaer mit der Herausgabe der *»Annalen der niedersächsischen Landwirtschaft«*. Er richtete landwirtschaftliche Lehrkurse ein und eröffnete 1802 das erste landwirtschaftliche Institut in Deutschland. Einer seiner Schüler war der später berühmte Nationalökonom Johann Hein-

Abb. 60 Albrecht-Daniel-Thaer (1752–1828)

rich von Thünen (1783–1850), der die Theorie der »Thünen'schen Kreise« entwickelte und ab 1826 sein Hauptwerk *»Der isolierte Staat, in Beziehung auf Landwirtschaft und Nationalökonomie«* publizierte. 1799 und 1801 bereiste Thaer die Mark Brandenburg und besuchte auch Frau v. Friedland (vgl. Text zu Abb. 45), deren landwirtschaftliche Versuche und Fähigkeiten ihn beeindruckten.

Hardenberg, der Thaer aus seiner Göttinger Studienzeit kannte, und Graf v. Itzenplitz aus Kunersdorf (vgl. Text zu Abb. 45, 87) holten ihn 1804 mit Zustimmung Friedrich Wilhelms III. nach Preußen. Thaer kaufte das Rittergut Möglin, errichtete hier eine Musterwirtschaft und gründete zwei Jahre später eine Landwirtschaftliche Lehranstalt. Die *»Grundsätze der rationellen Landwirtschaft«* veröffentlichte er in 4 Bänden von 1810 bis 1812. In diesem Werk propagiert er die kapitalintensive Wirtschaftsweise auf der Grundlage von Arbeit, Kapital, Grund und Boden. Neben seiner praktischen Arbeit und publizistischen Tätigkeit erhielt er 1810 eine Professur für Cameralwissenschaften an der neu gegründeten Berliner Universität.

Auf Kosten des Staates richtete Thaer 1816 in Frankenfelde eine Stammschäferei ein. Mit der Schafhaltung erlangte er Berühmtheit; die Wolle seiner Merinoschafe war gesucht. Aus diesem Produkt zog er seine wichtigsten Geldeinnahmen Thaer schuf die Grundlagen für die Entwicklung der Landwirtschaft zu Beginn des 19. Jhs. Er ist Begründer der Lehre vom Landbau und war an vielen landwirtschaftlichen Verordnungen beteiligt. Zuletzt wirkte er als Staatsrat an der Ausarbeitung der preußischen Agrarreformen mit.

Die Veränderungen in der Landwirtschaft durch das Wirken Thaers waren:

- die Einführung neuer (englischer) Ackergeräte nach Erscheinen seines Buches *»Die Beschreibung der nutzbarsten neuen Ackergeräthe«*
- ein neues Vorgehen in der Bodenbearbeitung
- eine Viehdüngerzunahme durch veränderte Stallfütterung und dadurch der Steigerung der pflanzlichen Erträge
- die veränderten Zucht und Haltung von Nutztieren, z. B. die Sommerstallfütterung des Rindviehs und damit die Vermeidung von Dungverlust auf den Weiden
- die Selektion und Behandlung des Saatguts
- die konsequenten Durchführung des Fruchtwechsels bzw. der Fruchtwechselfolge
- vermehrter Anbau von Hülsenfrüchten, Klee sowie Kartoffeln und Rüben für die Viehfütterung und die Zuckererzeugung

(vgl. Text zu Abb. 38).

Die Ehrungen für Thaer, seine Aufnahmen in Akademien, Gesellschaften und Vereine sind kaum aufzuzählen. Anlässlich seines 50. Doktorjubiläums 1824 gratulierte u. a. der König. Goethe widmete ihm ein Gedicht, welches Zelter vertonte. 1828 starb Thaer in Möglin; er wurde im Park des ehemaligen Gutes bestattet, in dem eine 1978 von H. Engelhardt geschaffene Büste steht.

An der Grabstätte Thaers ist eine Gedenktafel befestigt: *Albrecht Daniel Thaer dem Vater des landwirtschaftlichen Fortschritts zum 100. Todestage am 26. Oktober 1928 · GESELLSCHAFT · F. GESCHICHTE U. LITERATUR D. LANDWIRTSCHAFT I. WEIMAR (ohne Abb.).*

Lit.: Fördergesellschaft ..., Albrecht Daniel Thaer
Körte, W. ; Fontane, Th., Das Oderland S. 115 ff.

61. **Eberswalde** (BAR),
n.-östl. von Berlin, an der Kreuzung B 167, B 2

Der forstbotanische Garten wurde 1830 außerhalb der Stadt angelegt und beherbergt eines der ältesten Arboreten Europas. Mitten im Garten befindet sich ein riesiger Findling mit der Inschrift:

Abb. 61
Friedrich Wilhelm Leopold Pfeil

Abb. 61
Friedrich Wilhelm Leopold Pfeil 1783–1859 – Begründer der forstlichen Lehre und Forschung in Eberswalde

F. W. L. Pfeil, 1783 in Rammelsburg am Harz geboren, erlernte das Jäger- und Forsthandwerk. 1821 wurde er Oberforstrat und Professor der Forstwissenschaft in Berlin. Auf sein Drängen hin erfolgte 1830 die Gründung der Forstlehranstalt zu Neustadt-Eberswalde, zu deren Leiter er bestellt wurde (vgl. Text zu Abb. 117). Über Jahrzehnte hinweg bestimmte er die Entwicklung der Forstwissenschaft in Preußen. Seine fortwissenschaftlichen Veröffentlichungen sind bemerkenswert. Von 1822 an bis zu seinem Tode gab er die *»Kritischen Blätter für Forst- und Jagdwissenschaft«* heraus. Seine Hauptwerke sind:

- Vollständige Anleitung der Forsten, Züllichau 1820
- Grundsätze der Forstwirtschaft in Bezug auf Nationalökonomie und Staatsfinanzwissenschaft, Züllichau 1822
- Neue vollständige Anleitung zur Behandlung, Benutzung und Schätzung der Forsten, Züllichau 1830
- Die Forstpolizeigesetzgebung Deutschlands und Frankreichs bis zum Jahre 1806, Leipzig 1839

Vorbemerkungen zu den Abbildungen 62–73

Ein Straßennetz im heutigen Sinn fehlte in Preußen bis weit in das 19. Jahrhundert und die von Dellen und Löchern durchzogenen Sandwege sowie das schlechte Kopfsteinpflaster machten die Reise beschwerlich beziehungsweise zu einem Abenteuer. Achim v. Arnim (vgl. Text zu Abb. 102) schrieb seiner Frau Bettina am 25. 6. 1817 von Wiepersdorf nach Berlin:

»... Als sich der Postwagen zuerst in Bewegung setzte, glaubte ich, daß wir ein Erdbeben über die Stadt brächten ... und der Stöße gab es genug. ... Gleich nach dem Ausfahren um 4.00 Uhr brach dicht am Ort die Wagenachse, der Wagen stürzte um und ich wurde hinausgeschleudert. ... Es war ein kleiner Nebenpostwagen, achtzehntausend Taler in Münze darauf, Pakete und Passagiere nicht zu rechnen. (In Buchholz)... erhielten wir zwei schwache Wagen statt des einen und von dem, worauf ich saß, sagte ich dem Postmeister voraus, die Vorderräder würden brechen. Bald nachher ... sprang das eine Rad, wir schleiften es eine Weile, dann sprang auch das andere, und der Postillon ging mit den anderen Passagieren nach einer Försterwohnung in der Nähe, während ich beim Wagen Wache hielt.«

Man war sich zwar der wichtigen Funktionen der Verkehrswege für Landnahme, Handel und militärische Operationen bewusst, doch fehlte es lange Zeit an dem nötigen Geld, an der genügenden Planung und der Einbeziehung überregionaler Gesichtspunkte. Napoleon beklagte sich mehrfach über das im Vergleich zu Frankreich unzureichende Wegenetz und die schlecht ausgebauten Straßen Preußens. Die erste »Kunststraße« in der Mark Brandenburg – von 1791 bis 1793 unter der Leitung des Architekten C. G. Langhans erbaut – war der so genannte »Königsweg«; er führte von Berlin nach Potsdam. In den Jahren 1819 bis 1823 stellte man die Straße von Brandenburg über Burg nach Magdeburg fertig. Die Strecke von Berlin nach Stettin konnte 1822 als ausgebaute Straße ihrer Bestimmung übergeben werden. Waren am Anfang die Straßen Staatschausseen mit Zollstationen, Schlagbäumen und Zollerhebern, so wurde dies gegen Ende des 19. Jhs. abgeschafft und die Kreise selbst oder Privatpersonen (Abb. 62) hatten für den Bau der Straßen, der so genannten Kreischausseen, zu sorgen. Das bedeutete für alle Beteiligten erhebliche Kosten und stellte, abgesehen vom verbesserten Handel und Verkehr, bautechnisch eine bedeutende Leistung dar, an die man durch das Aufstellen von Gedenksteinen (Abb. 63), Grenzsteinen (Abb. 64) und der Markierung von Unterhaltungsgrenzen (Abb. 65) erinnerte.

Abb. 62
Dem Erbauer der Straße gewidmet

62. **Bresinchen** (SPN),
an der B 112

An einer Straßenkreuzung steht ein Kreischausseestein, der nicht nur Entfernungskilometer angibt, sondern gleichzeitig an den Erbauer und Geldgeber dieser Strecke erinnert. Nach 1945 vergrub man diesen Stein, da sich das völlige Ausmeißeln nicht mehr gefälliger Worte als zu zeitaufwendig erwies. Nach der Wende wurde er wieder aufgestellt. Ein Pendant zu diesem Stein steht in Neuzelle.

Abb. 62
GUBENER KREIS=CHAUSSEE
NACH NEUZELLE 11 KILOM. <-<<-
ERBAUT 1887–89 (UNTER DEM KÖNIGLICHEN LANDRATH)
PRINZEN zu SCHÖNAICH CAROLATH

Abb. 63
Kreischausseestein

63. **Gnevsdorf** (PR),
Richtg. Rühstädt, n.-östl. von Havelberg

Abb. 63
Kreischaussee Wilsnack-Gnevsdorf 1,562 km erbaut 18^{85}/86.
Gnevsdorf-Kl.-Lüben 7,238 km erbaut 1902

Ähnliche Steine stehen vielerorts an Brandenburgs Straßen. Da der Unterhalt der Straßen hohe Kosten verursachte, grenzten sich die Kreise streng gegeneinander ab:

64. **Croustillier** (MOL),
östl. von Bad Freienwalde, nahe der B 167

Kreis-Grenzstein

65. (nahe) **Dietersdorf** (PM),
s.-westl. von Treuenbrietzen, an der B 2

Abb. 65
Provinz Sachsen Reichsstraße Nr. 2 Provinzialverband von Brandenburg Reichsstraße Nr. 2 Unterhaltungsgrenze Km 46, 263 Straßenmeisterei in Kopstädt von Km 91,146 bis Km 75,800 Straßenmeisterei 105 in Treuenbrietzen von Km 19,455 bis Km 46,263

Abb. 64
Grenzstein
Kreis Königsberg (Neumark),
Ober Barnim

Abb. 65
Unterhaltungs-Grenzstein

Vorbemerkungen zu den Abbildungen 66–68

Lange Zeit wurde zwischen Post- und Handelsstraßen unterschieden. Im Zeitalter des Barock begann man in Sachsen mit ersten Vermessungen und Kartierungen, die dazu führten, dass ab 1721 Postmeilendistanzsäulen an Marktplätzen und bedeutenden Haltestellen, z. B. Wegkreuzungen, standen, von denen der in der Kutsche Reisende in Augenhöhe Distanzzahlen – berechnet in Stunden - ablesen konnte. 2 000 Dresdner Routen entsprachen 9,062 km oder einer Pferdestrecke von 2 Stunden. Da die Distanzangaben in Wegstunden (St) angegeben waren, entsprach 1 Wegstunde 4,531 km.

Die Postmeilendistanzsäulen sind Sandsteinobelisken mit vergoldeten sächsischen und polnischen Wappen, über denen die polnische Krone schwebt. Darunter sind übereck auf blauem Grund die verschlungenen Initialen AR (Augustus Rex) angebracht (Abb. 66, 67, 68).

In den unteren Teil des Sockels sind das Aufstellungsdatum und ein vergoldetes Posthorn eingelassen. An den vier Seiten des Obelisken sind die Distanzstunden zu den verschiedenen Orten abzulesen. In der obersten Zeile steht der Ausgangspunkt, z. B. »Von Kirchhayn nach«, es folgen die Entfernungsangaben zu den anderen Stationen, z. B. »Sorau 25 St. ¾« (das entspricht 116,7 km bei einer Reisegeschwindigkeit von 4,53 km/Std.). Diese Postsäulen waren bereits durch ihr äußeres Bild Zeichen der Präsenz des Königs und seines funktionierenden Beamtenstaates. In Brandenburg stehen viele dieser sächsischen Postmeilensäulen: zum Beispiel in Uebigau (1730), Lübben, Lieberose (1735) Alt Döbern, usw., die nach Gebietsabtretungen Sachsens an Preußen (nach dem Wiener Kongreß, 1815) nunmehr zu Brandenburg gehören.

Abb. 66
Postmeilensäule von 1736

66. **Doberlug-Kirchhain** (EE),
westl. von Finsterwalde

Postmeilensäule

67. **Niemegk** (PM),
westl. von Treuenbrietzen, an der B 102

Detail einer Postmeilensäule von 1725
Allerdings gibt es auch einfachere Postsäulen, die, an Ecken aufgestellt, nur Wegweiserfunktion hatten (s. Abb. 68).

68. **Calau** (OSL),
westl. von Cottbus, zwischen der A 13 u. A 15

Wegweisersäule

Abb. 67
Detail einer Postmeilensäule von 1725

Abb. 68
Wegweisersäule von 1738

Vorbemerkungen zu den Abbildungen 69–73

Um die Wende zum 19. Jahrhundert begann auch die preußische Verwaltung, systematisch gusseiserne Obelisken für die Posthaltestellen (Abb. 69) und Meilensteine aufzustellen (Abb. 70–73). Die preußischen Meilensteine sind einfacher als die sächsischen gestaltet, jedoch vielfältiger in Form und Größe. Eine preußische Meile entsprach 7,532 km und bezog sich, soweit sie die Entfernung zu Berlin angab, auf den mehrmals im Laufe der Zeit versetzten Berliner Vermessungsnullpunkt. Nach Einführung des metrischen Systems (im Norddt. Bund ab 1868, im Dt. Bund ab 1871/72 gesetzlich vorgeschrieben) gab man die Entfernungen in Kilometern (km) an.

Abb. 69
Ehemalige Posthaltestelle bei Seelow

69. **Seelow** (MOL),
östl. von Müncheberg, an der B 1

Ehemalige Posthaltestelle

70. **Falkensee** (HVL),
östl. von Berlin-Spandau
Am Rathaus steht ein 1981 umgesetzter Halbmeilenstein, der sich seit 1730 im Krä-

merwald (nahe Bötzow im Glin) neben einem Vorlaubenhaus – einer Poststation – befand . Es war eine Haltestelle der »Alten Hamburger Poststraße«, die gleichzeitig »Butterweg« nach Staffelde, »Judenweg« nach Linum und »Blutweg« nach Wilsnack war. Von der Größe her ein Halbmeilenstein, zeigt er 3 ½ Meilen nach Berlin an, gemessen ab Oranienburger Tor (vgl. Text zu Abb. 39).

Abb. 70
Halbmeilenstein

71. **Staaken** (Berlin),
Nennhauser Damm

Je nach Anzahl der Meilen sind die Meilensteine größer oder kleiner. Am Nennhauser Damm, nahe Staaken, steht ein Meilenstein, der *»III Meilen bis Berlin«* und an den Seiten *»1½ Meile bis Spandow«* und »2½ *Meile bis Nauen«* angibt.

Abb. 71
III-Meilenstein mit bekröntem Adler
(Höhe 3,20 m)

Abb. 72
XIV-Meilenstein
(Höhe 0,80 m)

72. Zwischen **Vierraden** und **Gartz** (UM),
nördl. von Schwedt, an der B 2

Der hier aufgestellte XIV-Meilenstein zeigt im Vergleich zu Abb. 71, wie die Meilensteine in Form und Größe voneinander abweichen können.

73. **Haselberg** (MOL),
südl. von Bad Freienwalde, zwischen der B 158 u. B 167

Abb. 73
Dreiviertelmeilenstein

Die Einviertel-, Halb- und Dreiviertelmeilensteine besitzen überwiegend eine Glockenform, wie zum Beispiel die an einer Wegekreuzung in Haselberg aufgestellten.

Abb. 73
(linker Stein) *Wrietzen ¾ M;* (rechter Stein) *Frankenfelde ¼ M*

Nahe **Seelow** (MOL), östl. von Müncheberg, an der B 1, steht ein ¼ Meilenstein mit einer Reliefrosette.

74. **Cöthen** (MOL),
Ortsausgang Richtg. Dannenberg, westl. von Bad Freienwalde

Abb. 74
Richtungs- bzw. Schlagstein

Eine Besonderheit sind die hinter dem Dorf Cöthen zu findenden Richtungs- und Schlagsteine. Sie wurden Ende des 18., Anfang des 19. Jahrhunderts mit Einführung der Koppelwirtschaft zur Abgrenzung der Ackerflächen aufgestellt. Man unterscheidet B. S. (Binnenschlag) und A. S. (Außenschlag).

Abb. 74
Nach Dannenberg-B. S. 1; (eine andere Seite gibt an:) *Nach Wölsickendorf-B. S. 5.*

75. **Straupitz** (LDS),
östl. von Lübben, an der B 320

Christoph E. Freiherr von Houwald, geboren in Straupitz bei Lübben, gestorben in Lübben (Spreewald), war an der Durchsetzung der preußischen Reformen beteiligt. Als Schriftsteller – Hauptvertreter der so genannten *»Romantischen Schicksalstragödie«* – schrieb er auch Erzählungen und

Jugendbücher. Zu seinen Hauptwerken zählen: *Romantische Akkorde* (Erz.), 1817; *Das Bild* (Trag.), 1821; *Der Leuchtturm* (Trauerst.), 1821; *Die Heimkehr* (Trauerst.), 1821.

Auch um v. Houwald bildete sich, ähnlich wie in Kunersdorf (vgl. Text zu Abb. 45) und Nennhausen (vgl. Text zu Abb. 101), ein »Musenhof«.

1822 wurde v. Houwald Landessyndikus für die Niederlausitz und bezog das Gutshaus des Freimaurers K. F. Wilhelm Leopold v. Loeben in Steinkirchen. Im Gutshaus befindet sich in zentraler Lage ein achteckiger Kuppelsaal mit einem blauen, gestirnten Himmelsgewölbe, der freimaurerischen Tempelarbeiten diente. Eine am Gutshaus angebrachte Reliefplatte zeigt das Profil Houwalds.

Abb. 75
Reliefplatte für Freiherr v. Houwald

Abb. 75
IN DIESEM HAUS LEBTE UND ARBEITETE
VON 1822–1845 DER DICHTER UND REFORMER
CHRISTOPH ERNST FREIHERR VON HOUWALD
** 29. 11. 1778 † 28. 1. 1845*

Abb. 76
Willibald Alexis

76. **Lehnin** (PM),
s.-östl. von Werder, nahe der A 2

Vor dem Friedhof ist ein großer Findlingsblock – versehen mit einem Bronzerelief von Willibald Alexis – auf einem aus kleinen Findlingen gestalteten Postament aufgestellt.

Alexis (lat. alec oder alex – Fischlake) ist der Künstlername des aus einer bretonischen Hugenottenfamilie stammenden Schriftstellers, der eigentlich Georg Wilhelm Häring (1798–1871) – französisch Harenc (Hering) – hieß und sich häufig in Lehnin aufhielt. Mit seiner Ballade *»Fridericus«* (1836), die auch Fontane zu Gedichten anregte, zeigte er seine preußische Gesinnung. Es folgten Novellen und Reisebeschreibungen. Alexis Stärke liegt auf dem Gebiet des historischen Romans. Einfluss auf sein Schaffen hatte anfangs Sir Walter Scott, dessen *»Jungfrau vom See«* er 1822 übersetzte. Ab 1832 beschäftigte er sich mit der Geschichte Preußens und Brandenburgs und war damit literarisch sehr erfolgreich. Sein sechsbändiger Roman *»Cabanis«* beschreibt den Siebenjährigen Krieg, die französische Kolonie in Berlin und die Verhältnisse in der Stadt. 1840 erschien der *»Roland von Berlin«*, der den Kampf der Städte gegen den Kurfürsten Friedrich schildert. Von 1842 an gab Alexis eine »Sammlung der interessantesten Kriminalgeschichten«, der *»Neue Pitaval«*, in 30 Bänden heraus. Sein bekanntestes Buch ist die humorige Darstellung der *»Hosen des Herrn Bredow«* (1846), die nur gewaschen werden können, wenn ihr Träger schläft. Mit *»Ruhe ist die erste Bürgerpflicht«* oder *»Vor 50 Jahren«* (1852) schrieb er in Berlin spielende Sittenromane, und in *»Isegrimm«* (1854) schilderte Alexis das Leben auf dem Lande. In diesen Romanen gelang es ihm, das Verlangen seines Lesepublikums nach vergangener Zeit zu erfüllen.

Lit.: Salzer, A.

77. **Belzig** (PM),
an der B 102

Carl Gottlieb Reißiger wurde am 31. Januar 1798 im Kantorhaus, das neben der St. Marienkirche steht, geboren. Eine Gedenkinschrift lautet: *Geburtshaus des Hofkapellmeisters C. G. Reißiger, * d. 31. Janr. 1798, † d. 7. Novbr. 1859, in Dresden.*

Abb. 77
Geburtshaus von C. G. Reißiger

Rechts die Marienkirche (vgl. Text zu Abb. 14).

Ab 1811 war Reißiger Schüler im Leipziger Thomanerchor und studierte anschließend Theologie und Musik. Von 1821 bis 1825 lernte er bei Salieri und vervollkommnete seine Kenntnisse auf Reisen durch Frankreich und Italien. 1828 wurde er Hofkapellmeister in Dresden. Sein Oratorium »David« wurde 1852 aufgeführt. Das Kompositionswerk von Reißiger ist bedeutend. Er hinterlässt 9 Messen, 8 Opern sowie Psalmen und Motetten. Hinzu kommen Hunderte von Chorälen, dazu Chorlieder, Klaviertrios, Quartette, Sonaten und eine Symphonie.

Lit.: Blume, Fr.

Vorbemerkungen zu den Abbildungen 78, 79

Friedrich Ludwig Fürst von Hohenlohe-Ingelfingen (1746–1818), Preußischer General, kämpfte im Siebenjährigen Krieg in der Reichsarmee und trat 1768 in preußische Dienste. 1804 war er Kommandant von Breslau. Im Krieg von 1806 kommandierte er das am 14. Oktober bei Jena besiegte Heer; das königliche Hauptheer erlitt bei Auerstedt eine Niederlage. Die Reste des preußischen Heeres führte er in Richtung Oder.

Abb. 78
Gedenkstein für gefallene Dragoner

78. **Zehdenick** (OHV),
Chaussee Kurtschlag in Richtg. Zehdenick-Vogelsang, 2 km vor Kreuzung Waldweg re.

Bei Liebenwalde-Zehdenick kam es am 26. 10. 1806 zu einem kurzen Rückzugsgefecht um den Havelübergang. Hier befindet sich ein Erinnerungsstein für die gefallenen, unter Fürst von Hohenlohe stehenden, Dragoner.

79. **Ellingen** (UM),
nördl. von Prenzlau, 4 km vor Ellingen an der Chaussee nach Schönwerder

Veranlasst durch den Bericht seines Generalquartiermeisters Massenbach, der den Vorspiegelungen der Franzosen Glauben schenkte, kapitulierte von Hohenlohe-Ingelfingen am 28. Oktober 1806 bei Prenzlau mit über 10 000 Soldaten. Er wurde aus der Armee entlassen. Von der Marwitz (vgl. Text zu Abb. 90) nahm an der Vorbereitung des Kampfes und der Kapitulation teil:

»Dies ist die Geschichte der Kapitulation von Prenzlau, wo 10 000 Mann bewaffneter schlagfertiger Preußen, die 30 Kanonen bei sich führten, auf freiem Felde mit freiem Rücken vor einem Haufen von höchstens tausend Mann französischer Kavallerie, die nur 6 Kanonen hatte, das Gewehr streckten, weil sie in einem Gewebe von Trug, Kleinmut und politischem Wahnsinn verstrickt waren.« (Marwitz, F. L. v. d., S. 194).

Von drei Linden umgeben, innerhalb einer Rotdornhecke, steht versteckt ein 1841 errichtetes großes Steinkreuz, das »Hohenlohedenkmal«, welches an den »Widerstand« der Hohenlohen'schen Truppen gegen die Franzosen erinnert. Auf der Vorderseite ist in völliger Verdrehung der Tatsachen zu lesen:

Abb. 79
»Hohenlohedenkmal«

Abb. 79

Den Kriegern, welche unter Führung eines heldenmütigen Prinzen nach tapferer, vom Feinde selbst gerühmter Gegenwehr, eines besseren Schicksals würdig, hier erlagen.

(Rückseite: Zwei gekreuzte Degen und Inschrift)

Den 28sten October 1806.

80. **Wustrau** (OPR), südl. von Neuruppin, östl. der A 24

Abb. 80
Grabstelle von F.-E. Graf v. Zieten

Auf dem Friedhof befindet sich die Grabstelle des Friedrich-Emil Graf von Zieten (1765–1854), Sohn des Husarengenerals Hans Joachim von Zieten (vgl. Text zu Abb. 36), der von 1800 bis 1841 Landrat des Kreises Ruppin war.

Die französische Armee zog durch Deutschland, das Durchzugs- und Aufmarschgebiet zugleich war. Vieh, Vorräte und Saatgut wurden gestohlen und beschlagnahmt, nur in seltensten Fällen bezahlt. In einem Brief an den ersten gewählten Oberbürgermeister Berlins, Leopold von Gerlach, schilderte v. Zieten die Verhältnisse auf dem Lande nach dem Einmarsch der Franzosen in Brandenburg im Jahre 1806:

»Der Kriegssturm hat auf der friedlichen Fläche des Ruppinschen Kreises viele, viele Spuren zurückgelassen. Die fliehenden preußischen Armeen haben – ohne Lebensmittel mitzubringen – im Gegenteil ganz ausgehungert und nicht eben in dem ordnungsvollsten Zustand, den Kreis von Wittstock nach Gransee und Menz durchzogen. Sehr oft haben 100 hungrige Magen und über 40 hungrige Pferde auf einem Bauernhof gelegen, welcher dann auch noch die Einquartierung der Tagelöhner und Büdner hat mit verpflegen müssen«; dabei ließ der Prinz v. Hohenlohe (vgl. Vorbemerkungen und Text zu Abb. 78, 79, d. Verf.) *bekannt machen: Besonders erwarte ich, daß der Soldat gut verpflegt werde, d. h. wenigstens des Morgens ein Butterbrot und ein Glas Branntwein, des Mittags ½ Pfund Fleisch und eine Portion Zugemüse, des Abends ein Butterbrot und ein Glas Branntwein erhalten soll.*

Die Untertanen haben daher das Unmögliche möglich zu machen gesucht, um die Leute gut aufzunehmen, und wenn sie auch den guten Willen nicht gehabt hätten, so wußte die Einquartierung sich selbst zu helfen. Es ist überaus viel geschlachtet und gekocht worden, und die Konsumption an Fourage, größtenteils aus den Scheunen, ist über allen Glauben stark.

Gleich darauf haben die verfolgenden französischen kaiserlichen Armeen die Kreise ... fast tagelang durchzogen, und es ist, da nichts unglücklicher sein kann als der Schauplatz einer fliehenden und einer verfolgenden Armee zu sein, manches Übel nicht zu vermeiden gewesen, welches ich nicht weiter auseinandersetzen kann ...

Das Übelste ist, daß man sich gar nicht aus dem Hause trauen darf, so sehr die französischen kaiserlichen Herrn Offiziere auch Beweise geben, daß sie Aufrechterhaltung der Ordnung wünschen, so sind doch bei einer großen Armee viel Traineurs, auch mancher, der Pferde und Kleidung bedarf, so daß ich meinen Aufenthaltsort nicht verlassen kann. Auch würde dann die hiesige Registratur in die größte Gefahr kommen; ich habe dies schon einer preußischen Kammer unter dem 23. Oktober vorgestellt und um einen Paß für mich und eine Sauvegarde auf Kosten des Kreises gebeten, aber es ist nichts erfolgt. ... Nehmen Sie die Versicherung meiner hohen Achtung an. v. Zieten.« (Aus den Dienstakten). (Schoeps, H. J., S. 349–351).

Leopold v. Gerlach schrieb an seinen Sohn Wilhelm (Berlin, 28. 6. 1808):

»Das Elend des Landes steigt immer höher. In diesen Tagen nimmt das Campement der Truppen in drei Lagern bei Charlotten-

burg, Ruppin und Havelberg den Anfang.« (Schoeps, H. J., S. 357).

Die Kriegskontributionen waren für Stadt und Land unerträglich hoch. Auf einem Schild neben dem Gedenkstein für den »Landwehrmann« (vgl. Text zu Abb. 110) sind die durch die französische Besatzung angefallenen Kosten für Treuenbrietzen, das im Jahr 1800 knapp 3 400 Einwohner zählte, aufgeführt. Von 1806 bis 1808 waren 173 000 französische Soldaten, 12 200 Gefangene und über 40 000 Pferde unterzubringen und zu verpflegen. Die Kosten für die französische Besatzung betrugen 211 000 Taler; die Schulden von Treuenbrietzen beliefen sich auf 234 000 Taler. Der Ort selbst war mit Gebäuden, Äckern usw. 414 000 Taler wert. Ein Tagelöhner verdiente am Tag 3 Groschen; 24 Groschen entsprachen einem Taler.

Nicht nur die auferlegten Kriegskosten waren hoch, auch die Willkür der Besatzungsmacht für das Leben der Bürger gefährlich. Wer sich ihren Befehlen nicht fügen wollte, lief Gefahr, erschossen zu werden.

Am 5. August 1806 schrieb Napoleon an den Marschall Berthier:

»Mein Vetter, ich denke, Sie haben die Buchhändler von Augsburg und Nürnberg verhaften lassen. Ich will, daß sie vor ein Standgericht gestellt und binnen 24 Stunden erschossen werden. Es ist kein gewöhnliches Verbrechen, an den Orten, wo sich die französischen Heere befinden, Schmähschriften zu verbreiten, um die Einwohner gegen sie aufzuwiegeln.«

Der Nürnberger Buchhändler P. H. Palm, der eine Flugschrift *»Deutschland in seiner tiefsten Erniedrigung«* gedruckt und verteilt hatte, wurde am 26. August 1806 standrechtlich erschossen. Auch andere, zum Beispiel der Student Staaps, erhoben sich gegen die napoleonische Unterdrückung. Kurz vor seiner Hinrichtung rief dieser aus: *Es lebe die Freiheit! Es lebe Deutschland! Tod dem Tyrannen!* (Droz, J.).

1813, beim Rückzug der Franzosen, wiederholten sich Plünderungen und Zerstörungen. So berichtete der Gutsbesitzer Christian Gotthelf Zeis aus der Umgebung von Dresden vom »Besuch« der Franzosen auf seinem Gut, wo er sich mit seiner Familie eine Zeitlang in einem Kellerraum versteckt hielt:

»Durchs Herz schnitt es uns, als wir unser Vieh auf dem Hofe brüllen und teils abschlachten, teils fortführen hörten! Ängstlich harrten wir auf irgendeine Botschaft oder Rat, aber vergebens. Alle unsere Leute waren in einer steten gewaltsamen Anstrengung begriffen, um

die Dienste zu leisten, die in Küche und Keller von ihnen verlangt wurden ... Es sieht fürchterlich aus. Noch etwa 50 Nachzügler von allen Nationen sind im Hause, meist kranke und blessierte, teils Franzosen, teils gefangene Russen. Da war ... kein Stück Vieh, weder groß noch klein mehr zu erblicken, und sonach ein Viehstand von 40 Kühen, 20 Ochsen, eine verhältnismäßige Anzahl von jungem Vieh, sämtliche Schweine und Federvieh – kurz alles war verloren, und auch die Scheunen waren geleert. Die reiche Ernte aber auf 300 Scheffel Feld, die in der Richtung nach Böhmen lagen, war zertreten oder zu den Hütten in den Biwaks verbracht. Das Wohnhaus gewährte den Anblick der gräßlichsten Zerstörung. Die Möbel waren zerhackt, die Bücher zerrissen, selbst die Saiten auf den musikalischen Instrumenten zerhauen und Kisten und Kasten geleert. In Küche und Keller war nirgend ein Geschirr mehr vorhanden. Die Federn waren aus den Betten gestübt, die Überzüge waren mitgenommen. Das Hofgesinde hatte die Flucht ergriffen, und eine öde dumpfe Stille, die bloß durch die gespenstergleichen Blessierten und Maroden, die im Hause umherschlichen unterbrochen wurde, beherrschte das Ganze ... Eine Woche später wurde das hart mitgenommene Dorf von den gemeinen Russen noch mehr mißhandelt. Alle Öfen wurden zerschmissen, die Betten zerschnitten, das Vieh geraubt und Brot und andere Viktualien gewaltsam mitgenommen. Uns selbst wurden vier Ochsen, die wir von dem Hermsdorfer Hofe als trauriges Überbleibsel unseres schönen Viehbestandes hatten herüberkommen lassen, weggenommen und nur das Machtwort des russischen Fürsten stellte sie uns zurück«. (Zeisblätter)

Abb. 81 Gedenkstein für zwei Kyritzer Bürger

81. **Kyritz** (OPR),
westl. von Neuruppin, an der B 5

Neben der Pfarrkirche St. Marien befindet sich ein 1846 in neugotischem Stil errichteter und beschrifteter Gedenkstein zur Erinnerung an zwei Kyritzer Bürger, die 1807 erschossen wurden. Am 31. März drangen Freischärler des Majors Schill (vgl. Text zu Abb. 92, 93) in die Stadt ein und raubten im Hause von C. F. Kersten einen mit den Franzosen kooperierenden Kaufmann aus. Die Franzosen wollten ein abschreckendes Beispiel geben und ließen die auf dem Stein genannten, an dem Überfall unbeteiligten Bürger, erschießen.

Abb. 81
Den am 8ten April 1807 als Opfer fremder Gewaltherrschaft gefallenen wackern Bürgern von Kyritz Cämmerer Carl Friedrich Schulze und Kaufmann Carl Friedrich Kersten

82. **Rühstädt** (PR),
n.-westl. von Havelberg, nahe der Elbe

Gedenktafel in der Kirche von Rühstädt

Abb. 82
Krieger-Verdienst Feldzug 1807 Hans Nickel Soldat des Regiments Garde du Corps, des Ehrenzeichens würdig wegen bewiesner vorzüglicher Tapferkeit und Entschlossenheit bei dem Ueberfall des Hessischen Blockade Hauptquartiers in Byalachowo in der Nacht vom 28sten zum 29sten Januar. (vgl. Text zu Friedrich Wilhelm III.)

Abb. 82
Gedenktafel für H. Nickel

83. **Fischerwall/Dannenwalde** (OHV),
nördl. von Gransee

Auguste Wilhelmine Amalie Louise, Königin von Preußen (1776–1810), Tochter des Herzogs K. L. Friedrich von Mecklenburg-Strelitz, lernte in Frankfurt a. M. den Kronprinzen Friedrich Wilhelm von Preußen kennen, den sie wenig später heiratete. F. L. von d. Marwitz beschrieb ihr Leben an der Seite des Königs:

»... Seine Gemahlin, die Königin, behandelte er eigentlich ziemlich schlecht. Sie war nur auf Äußerlichkeiten erzogen, hatte aber die größte Gierde, sich zu unterrichten ... Sie spielte Klavier und sang sehr hübsch; wenn er dies hörte, kam er sogleich mit einer Trommel herein und schlug Reveille, so daß sie aufhören mußte. Wenn sie ein vernünftiges Buch lesen wollte, so sagte er, es sei dummes Zeug ... Sie war sich ihrer Schönheit bewußt, war nicht weniger als gleichgültig gegen Bewunderung und liebte den Putz mehr als nötig war. ... Alles, was in die Welt hineingeschrieben ist von dieser so glücklichen und musterhaften Ehe ist auf weiter nichts gegründet als auf den bloßen äussern Schein, ... Bei allem stand die Königin doch wieder hoch über ihrem Gemahl. Sie hatte ein wahres preußisches Herz und wahre

Regentenehre. Alles, was groß und edel war, zog sie an. Ihn aber stieß es ab. ... Sie hielt die Cour in Berlin mit unbeschreiblicher Anmut und Würde. Sie hielt die Höflichkeitsgespräche mit den Gesandten und vornehmen Personen. Auf allen seinen Revuereisen ... mußte sie ihn begleiten. Nicht genug, auf alle Exercierplätze mußte sie mit hinaus, in Hitze und Kälte, in Staub und Regen, und wenn sie erschöpft zu Hause kam, mußte sie sich sogleich in den größten Staat werfen und die Generale, die Behörden und die Menge der Fremden, die nirgend fehlten, empfangen und unterhalten, wobei er hinterdrein fistulierte. ... Sie mußte die ganze Last der Repräsentation, der Erwiderungen auf erhaltene Huldigungen und Ehrenbezeugungen allein auf sich nehmen, sie mochte nun ermüdet oder unwohl sein oder nicht. Alles dies tat und ertrug sie mit immer gleicher Heiterkeit.« (Marwitz, F. L. v., d. S. 90 ff.).

Abb. 83
Postament für Königin Louise

Am 19. Juli 1810 starb die Königin zu Hohenzieritz. Am 25. Juli begann die etappenweise Überführung der Toten nach Berlin (Abb. 83, 84). An der preußischen Grenze bei Fischerwall/Dannenwalde wurde der Trauerzug vom Ruppiner Kreis und dessen Landrat v. Zieten (vgl. Text zu Abb. 80) in Empfang genommen. Der Zug ging weiter nach Gransee. Gegenüber der ehemaligen Poststation von Fischerwall steht ein von vier Eichen umgebenes dreiseitiges Postament, auf dem eine Schale steht. An den drei Seiten befinden sich Inschriften.

Abb. 83

– Louise Auguste Wilhelmine Amalie Königin von Preußen gebohren den 10 März 1776 gestorben zu Hohenzieritz den 19 Juli 1810.
– mehr als Purpur und Krone umstralt sie Liebe des Volkes
– sie war die Zierde der Frauen der Tugend leuchtendes Vorbild

84. **Gransee** (OHV),
an der B 96

In der Nacht vom 25. zum 27. Juli 1810 wurde der aus Fischerwall kommende Leichenwagen in einem Zelt in Gransee abgestellt. Etwa an dieser Stelle befindet sich heute das 1811 nach Entwürfen von Karl Friedrich Schinkel errichtete und in der Eisengießerei von Berlin gegossene Denkmal für die Königin mit einer goldenen Krone auf dem Sarkophag unter einem Baldachin in gotischen Formen. Das Denkmal wurde mehrmals repariert und restauriert.

Abb. 84
Denkmal für Königin Louise

Auf den vier Seiten des Sarges befinden sich Texte.

Abb. 84
- *dem andenken der königinn louise aug. wilh. amalie von preußen*
- *geb: d: 10 maerz 1776 gest: d: 19 iulius 1810 stand ihre leiche hier*
- *an dieser stelle hier ach flossen unsre thränen als wir dem stummen zuge betäubt entgegen sahen o iamer sie ist hin*
- *an dieser stelle sahen wir iauchzend ihr entgegen wenn sie die herrliche in milder hoheit ganz mit engelfreundlichkeit vorüber zog*

  (Ein Schild am Steinsockel) *von den bewohnern der stadt gransee/ der grafsch. ruppin und der priegnitz*

Auch kurze Aufenthalte der Königin, wie z. B. in **Paplitz** (TF), nordwestlich von Baruth, westl. der B 96, wo ihre Kutsche gebrochen sein soll, wurden durch Erinnerungssteine gewürdigt: *»Zum Gedenken an den Aufenthalt der Königin Luise v. Preußen 1806 in Paplitz«* (vgl. Text zu Abb. 114, 115, 148, 149, 150).

Vorbemerkungen zu den Abbildungen 85, 86

Johann Gottfried Schadow (1764–1850), Bildhauer, Zeichner, Graphiker, kehrte nach langen Auslandsaufenthalten 1787 nach Berlin zurück. Ab 1788 ist er Leiter der Hofbildhauerwerkstatt und »Director aller Skulpturen« beim Oberhofbauamt, das C. G. Langhans d. Ä. leitete. 1815 wird er zum Direktor der Berliner Akademie der Künste ernannt. Seine fast 300 Plastiken zeichnen sich durch vollendete klassische Formen und meisterliche Handwerkstechnik aus; sie wirken lebendig und unmittelbar. Eines seiner bekanntesten Werke ist die Prinzessinnengruppe Louise und Friederike von Neustrelitz (1795/97). Schadow beeinflusst den Stil des deutschen Frühklassizismus und ist Förderer des Berliner Realismus. Er entwarf die Quadriga des Brandenburger Tores. Einer seiner Schüler war Ch. D. Rauch, in dessen Schatten er bald stand. Ab 1836 arbeitete Schadow nur noch als Graphiker und war schriftstellerisch tätig.
Lit.: Lexikon der Kunst

85. **Paretz** (HVL),
nördl. von Werder, westl. der A 10

Nahe dem von D. Gilly, d. Ä. erbauten Schloss steht die ebenfalls von ihm geplante Kirche von Paretz. In ihr befindet sich ein zweiteiliges Relief aus Ton, von Schadow entworfen und von Töpfer Feilner gebrannt (1811–1812). Es erinnert an die verstorbene Königin und ist als »Apotheose« der Königin Louise bekannt. Ursprünglich war das Werk von einem Mäzen, einem Frankfurter Salzinspektor, bestellt worden. Als dieser nicht mehr zahlen konnte, wurde es in Paretz, wo der König und die Königin gerne verweilten, aufgestellt. In der Mitte des Reliefs ist mit übereinander geschlagenen Armen die Königin abgebildet. Sie ist von Engeln und den christlichen Tugenden: der Hoffnung (links mit dem Anker), der Liebe (links betend), dem Glauben (rechts mit dem Kelch) und der Treue (rechts mit Palm- und Myrtenzweig) umgeben. Im unteren Teil des Reliefs rahmen Borussia (als Personifikation Preußens) und Brennus (Stammvater des Brandenburgischen Hauses) den Todesgenius Thanatos ein, der im Begriff ist, das Leben der Königin zu erlöschen, was symbolisch durch eine Fackel ausgedrückt wird. Vor Thanatos befindet sich eine Kugel mit einer Inschrift.

Abb. 85
Hohen Zieritz den 19 July 1810 vertauschte Sie die irdische Krone mit der himmlischen umgeben von Hoffnung Liebe Glauben und Treue und in tiefe Trauer versanken Brennus und Borussia.
Lit.: u. a. Fontane, Th.; Havelland, S. 349 ff.

Abb. 85
Relief für die verstorbene Königin Louise

86. **Schöneiche** (LOS),
s.-östl. von Berlin

Schadow hat bessere Arbeiten geschaffen als die in Paretz (vgl. Abb. 85), wie das Grabmal für Wilhelm Schütze in der Schlosskirche von Schöneiche zeigt (1796–1797). Schütze, ein Bankier und Seidenhersteller, pflegte gute Beziehungen zu Friedrich II. Eine Figur auf einem Sockel symbolisiert die Hoffnung mit dem Anker; ihr zum Himmel deutender Arm ruht auf der Urne mit dem Bildnismedaillon Schützes. Das Grabmal aus Carraramarmor hat eine Gesamthöhe von 3,80 m, die Figur ist 1,60 m hoch. Auf dem Sockel befindet sich eine Inschrifttafel.

Abb. 86
Friedrich Wilhelm Schütze, geb. den IX Juli MDCCXVII, gest. den II Dez. MDCCLXXXXIV Koenigl. Kommerzien-Rath und Bankier guter Hausvater, redlicher Geschäftsmann, Stütze der Bedürftigen. Ihm dankt dieses Dorf Anmuth und Wohlstand. Ihn ehren dankbare Nachkommen

Abb. 86
Grabmal für F. Wilhelm Schütze

87. **Neuhardenberg** (MOL),
s.-östl. von Bad Freienwalde, an der B 167

Fürst von Hardenberg erhielt Quilitz 1814 als Dotationsgut. Der Ort wurde in Neuhardenberg umbenannt (vgl. Abb. 57). Von Hardenberg, 1750 nahe Gifhorn geboren, wurde 1791 preußischer Minister und 1804 zum preußischen Außenminister ernannt. Obwohl Napoleon 1806 seinen Rücktritt erzwang, war er 1807 wieder leitender Minister. Als die Agrarreformen des Reichsfreiherrn vom und zum Stein in immer stärkerem Maße den Interessen des Grundadels entgegen standen, sah sich Hardenberg, selbst einer der größten Grundbesitzer in Preußen, gezwungen, 1807 für dessen Entlassung zu sorgen. Allerdings setzte er die von Stein begonnenen Reformen fort (vgl. Text zu Abb. 89), dazu zählen die

- Städteordnung (Selbstverwaltung incl. Finanzgewalt der Städte; Trennung von Justiz und Verwaltung)
- Ablösung der städtischen Zunftverfassung zu Gunsten der Gewerbefreiheit (1811)
- Judenemanzipation, d. h. bürgerliche Gleichstellung (1812)
- Säkularisierung des Kirchenbesitzes
- Befürwortung der Humboldtschen Bildungsreform
- Agrarreformen, auf die im folgenden etwas genauer eingegangen wird (vgl. Vorbemerkungen zu Abb. 53–58, Text zu Abb. 62).

Die vom Freiherrn vom und zum Stein erlassenen inneren Reformen wurden ab 1807 umgesetzt. Die preußischen Reformen schufen die Voraussetzungen zum bürgerlichen Verfassungs-, National- und Industriestaat des 19. Jahrhunderts. Am 7. 10. 1807 erging das *»Edikt über den erleichterten Besitz und den freien Gebrauch* (Verfügungsgewalt, d. Verf.) *des Grundeigentums sowie die persönlichen Verhältnisse der Landbewohner betreffend.«*

Mit dem Martinitag (11. 11.) 1810 hatte jede persönliche Dienstbarkeit, d. h. Spann- und Handdienste, Geld- und Naturalabgaben sowie der Gesindezwang (Leibeigenschaft) aufzuhören. Die Probleme, die die Auflösung der Gemeinheiten (Separation) aufwarfen (vgl. Text zu Abb. 46), sollten mit dem Regulierungsedikt vom 14. 09. 1811 gelöst werden. Sie wurden allerdings durch Einspruch der konservativen Großgrundbesitzer erst 1816 verwirklicht, d. h. die von den Bauern zu tragenden Personal- und Reallasten mussten durch Geldzahlungen oder Landabtretungen an den Gutsherrn ausgeglichen werden. Dadurch ging den bäuerlichen Betrieben 1816 fast eine Million Hektar Ackerland verloren. Die Gutsherren blieben, entsprechend dem Allgemeinen Preußischen Landrecht, weiterhin bis 1850 Herren der Gerichtsbarkeit und hatten die Polizeiaufsicht.

Die völlige Gleichbesteuerung konnte wegen der oppositionellen Adligen – zum Beispiel von der Marwitz (vgl. Text zu Abb. 90) – erst 1860 durchgesetzt werden.

Großbetriebe wurden die vorherrschende Betriebsform östlich der Elbe. Die erwähnten Reallasten führten zur Verarmung eines Teils der Klein- und Mittelbauern. Die Landarbeiter waren der Konkurrenz der billigen Arbeitskräfte aus dem Osten und der beginnenden Mechanisierung ausgesetzt. Diejenigen, die nicht ab- oder auswanderten, mussten sich und ihre Familien auf irgendeine, unter Umständen auch unrechtmäßige Art und Weise, am Leben erhalten.

Ein Grabstein auf dem Friedhof von Stolpe erinnert an diese Situation Mitte des 19. Jahrhunderts (Abb. 88).

Von Hardenberg erreichte nach der Niederlage Napoleons 1814/1815 auf dem Wiener Kongreß für Preußen einen bedeutenden Gebietszuwachs (vgl. Vorbemerkungen zu Abb. 66–68). Von 1815 an widmete er sich den Verwaltungsreformen. Auf den Wirtschaften in Neuhardenberg wurde eine moderne Landwirtschaft betrieben mit Fruchtwechselwirtschaft sowie intensiver Rinder- und Schweinehaltung. Über 7 000 Merinoschafe dienten der Wollproduktion.

Abb. 87
Mausoleum für Fürst v. Hardenberg

Das bereits vorhandene Gutshaus von Neu-Hardenberg baute Schinkel 1820 in ein klassizistisches Schlösschen um. Von 1814 bis 1817 entwarf er für die 1801 abgebrannte Kirche eine neue in Form eines klassizistischen Saalbaus. An der Rückfront der Kirche schließt sich eine von ihm geplante dorische Säulenhalle an, ein Mausoleum für den Staatskanzler. Davor befinden sich die Familiengräber.

Abb. 87
HIER RUHET CARL AUGUST FÜRST VON HARDENBERG, KÖNIGL. PREUSS. STAATSKANZLER, GEBOREN DEN 31. MAI 1750 GESTORBEN DEN 26. NOVEMBER 1822

Abb. 88
Eisernes Grabkreuz für den Förster Oertel

88. **Stolpe** (OHV),
nördl. an Berlin grenzend, östl. der A 111

Abb. 88
Eisernes Grabkreuz auf dem Friedhof (vgl. Text zu Abb. 87)
Hier ruht in Gott unser inniggeliebter Gatte u. Vater der Förster Joh. Friedr. Siegesmund Oertel, geb. 1801 wurde am 12. Octbr 1849 von Wilddieben erschossen. Tief beweint ihn die Gattin und 4 unmündige Kinder. Friede seiner Asche

89. **Wolfshagen** (UM),
n.-westl. von Prenzlau, an der B 198

Im Jahre 1670 verlieh der Große Kurfürst den Besitz Wolfshagen an Otto von Schwerin, der seit 1700 Reichsgraf war. Bis 1945 verblieb das Gut im Besitz dieser Familie. Zwei Denkmale erinnern in dem Ort an Preußen.

Unweit des zerstörten Herrenhauses steht ein etwa 17 m hoher, 1834 aufgestellter Obelisk, in dem Graf Herrmann von Schwerin ein die Familie Schwerin betreffendes Ereignis festgehalten hat, das dem Denkmal den Namen »Königssäule« eintrug. Der Text spielt auf einen territorialen Rechtsstreit zwischen den Schwerins und dem Königshaus an, den Friedrich Wilhelm III. zu Gunsten des Hauses Schwerin ausräumte:

– WAS LANGE DEM GESAMT-GESCHLECHT SCHWERIN, EROB'RUNG FORTNAHM UND VERLOREN SCHIEN AUF EWIG SPANTEKOW UND SEIN GEFILDE DAS LEGTE FRIEDRICH WILHELMS HERRSCHER MILDE UND RECHT LICHKEIT AUF THEMIS WAAGE NIEDER UND OHNE URTEIL GABS DER VATER WIEDER.
(Am Sockel:) SUUM CUIQUE

(Eine weitere Inschrift auf der gegenüberliegenden Seite)

Abb. 89
HERRSCHER! DU FÜHRTEST DEIN VOLK IN SIEGEN AUS VERHÄNGNISVOLLER NACHT

ZUM LICHTE, UND MIT DEINER THATEN RUHM WIRD DIE GESCHICHTE ALLER WELT UND ZEITEN RAUM DURCHFLIEGEN. DIESER STEIN LASS' ABER SPAETSTE ENKEL LESEN, DASS DU DEINES VOLKES VATER AUCH GEWESEN.

(Am Sockel:) *SR. MAJESTAET DEM KÖNIGE FRIEDRICH WILHELM III. IN TIEFSTER UNTERTHAENIGKEIT GEWIDMET VON HERRMANN GRAF SCHWERIN*

Die beiden anderen Seiten beziehen sich auf die Neuordnungen des preußischen Staates durch die Reformer Stein und Hardenberg (vgl. Abb. 87):

– *CRIMINALORDNUNG 1806 • AUFHEBUNG DER UNTERTHAENIGKEIT 1807 • STAEDTE ORDNUNG 1808 • AUFHEBUNG DER ZWANGSRECHTE 1810 • GEWERBEFREIHEIT 1810 •* (Am Sockel:) *AUFRUF AN DAS VOLK 1813*

– *CULTUREDICT 1811 • SEPARATIONSEDICT 1811• MILITAIRVERFASSUNGSEDICT 1814 • FRIEDENSTRACTATE MIT FRANKREICH 1814–1815 • GEMEINHEITS THEILUNGSORDNUNG 1821*

(Am Sockel:) *STAENDE VERFASSUNG 1823*

Abb. 89
»Königssäule«

Das andere Denkmal, ein etwa 12 m hoher, den Schinkelschen Denkmälern nachempfundener Obelisk für die Befreiungskriege, um 1830 errichtet, steht im Schlosspark von Wolfshagen, der 1832 unter Mithilfe von Lenné angelegt wurde.

90. **Friedersdorf** (MOL),
n.-westl. von Frankfurt (O.), an der B 167

Friedrich August Ludwig von der Marwitz (*1777 in Berlin, † 1837 in Friedersdorf) entstammte einem alten preußischen Adelsgeschlecht. 1791 trat von d. Marwitz in das

Regiment »Gensdarmes« ein. Ab 1802 bewirtschaftete er das väterliche Gut in Friedersdorf. 1806 kämpfte von d. Marwitz als Adjutant des Fürsten Hohenlohe bei Jena und Prenzlau (vgl. Text zu Abb. 78, 79). Später bildete er in Pommern und Ostpreußen ein Freiheitskorps zum Zwecke des Volksaufstandes gegen Napoleon.
Er widersetzte sich in Wort und Schrift den Reformen Hardenbergs. *»Unter Berufung auf die in der Mark nie aufgehobene ständische Verfassung des Großen Kurfürsten von 1653 versuchte er ... seine Standesgenossen zum Widerstand zu ermuntern ...«.* Die von ihm verfasste »Letzte Vorstellung der Stände des Lebusischen Kreises« wurde in Frankfurt/O. verabschiedet. Hardenberg schrieb an den König und forderte Bestrafung: *»Die Rittergutsbesitzer, schrieb Hardenberg, geben sich das Ansehen, als ob sie wie mittels Personen für das Volk sprächen, da sie doch nur ihre Vorrechte zum Nachteil des Volks verfechten. Sie rühmen sich pomphaft patriotischer Gesinnungen und Aufopferungen, während es eben diese Aufopferungen sind, gegen welche sie streiten. Ich würde unterthänigst anraten, den Grafen von Finckenstein und den Major von der Marwitz auf unbestimmte Zeit ... auf die Festung zu schicken.*

Marwitz sieht jede Änderung in den Eigentumsverhältnissen, Hardenberg das Weiterbestehen des »gutsherrlichen Drucks« als revolutionsbegünstigend an.«

Seiner Zeit voraus, sah von d. Marwitz die Folgen der Reformen: *»den Krieg der Besitzlosen gegen das Eigentum, der Industrie gegen den Ackerbau, des Beweglichen gegen das Stabile, des krassen Materialismus gegen die von Gott eingeführte Ordnung des (eingebildeten) Nutzens gegen das Recht, des Augenblicks gegen die Vergangenheit und Zukunft, des Individuums gegen die Familie ...«* und er resümiert: *»Sonst war der Wahlspruch: Jedem sein Recht! Jetzt scheint er zu sein: Jedem sein Geld.«* (Marwitz, F. L. v. d., S. 318 ff.) Die moralischen Prinzipien des von d. Marwitz waren mit dem Pragmatismus des Reformers Hardenberg nicht in Einklang zu bringen. 1811 mussten er und Graf v. Finckenstein auf Gut Madlitz, wie von Hardenberg gefordert, für fünf Wochen auf die Festung Spandau.

Von der Marwitz organisierte 1812 die Lebuser Landwehr, die beiderseits der Elbe kämpfte. Ihr ist, unter seiner Führung, der Sieg bei Hagelberg zu verdanken (vgl. Text zu Abb. 108). Zwei Jahre später kehrte er nach Friedersdorf zurück, um dann erneut gegen Napoleon in den Krieg zu ziehen. Er wurde zum General ernannt und nahm 1827 seinen Abschied aus dem Militärdienst.

Sein Gut in Friedersdorf führte er mustergültig. Er arbeitete mit neuen Produktionsverfahren, so dass ihn u. a. auch Thaer 1808 mit den Schülern seiner Lehranstalt besuchte (vgl. Text zu Abb. 62). Im Herrenhaus, 1945 zerstört, befand sich ein großer Teil der berühmten Bibliothek des Oberst Guichard, genannt Quintus Icilius, Freund Friedrich des Großen. Auf den Grabstein für J. F. Adolph von d. Marwitz (1723–1781), Kommandeur im Gardekorps Friedrich II., seinem Onkel, ließ F. L. von d. Marwitz in der Kirche von Friedersdorf den bekannten Satz schreiben, der auch seine eigene Haltung widerspiegelt: *»Sah Friedrichs Heldenzeit und kämpfte mit ihm in allen seinen Kriegen. Wählte Ungnade, wo Gehorsam nicht Ehre brachte.«*

In Fontanes Roman *»Vor dem Sturm«* war von der Marwitz das Vorbild für die Person des Berndt v. Vitzewitz. Die Gedenktafel für F. A. Ludwig von d. Marwitz befindet sich auf dem Familienfriedhof in Friedersdorf.

*Abb. 90
Gedenktafel für F. A. Ludwig von der Marwitz*

*Abb. 90
Hier ruhet in Gott Herr Friedrich August Ludwig von der Marwitz Koenigl. Preuss. General* LIEUTENANT *Freiherr auf Friedersdorf geb. zu Berlin den 29. May 1777. Gest. zu Friedersdorf den 6. Debr. 1837 vermählt in erster Ehe an Caroline Franziska Gräfin von Brühl in zweiter Ehe an Charlotte Gräfin von Moltke sein Vater war B. F. A. v. d. Marwitz seine Mutter war S. S. M. L. von Dorville von früher Jugend an Soldat kämpfte er ruhmvoll in den Feldzügen von 1805–1815. Auch in den Zeiten des Friedens waren alle Kräfte seines Geistes und Körpers dem Dienste des Königs und Vaterlandes, so wie der Sorge für die Seinigen, gewidmet. 2. Tim: 4,7 Ich habe einen guten Kampf gekämpfet ich habe den Lauf vollendet ich habe Glauben gehalten hinfort ist mir beigelegt die Krone der Gerechtigkeit.*

Lit.: Marwitz, F. L. v. d; Fontane, Th., Oderland, S. 228 ff.

91. **Jahnsfelde** (MOL),
Richtg. Trebnitz, östl. von Müncheberg, an der B 1

Gegen Ende des Jahres 1812 zogen drei verwundete Soldaten aus Napoleons Armee, von Küstrin kommend, auf der viel benutzten Heerstraße (B1) Richtung Berlin bis nach Jahnsfelde. Dort bogen sie nach Norden in Richtung Trebnitz ab und erlagen etwa 200 m nach dem heutigen Ortsende am Wegesrand ihren Verwundungen und der Kälte; sie wurden hier verscharrt. Lange Zeit bezweifelte man den Wahrheitsgehalt dieser Begebenheit, bis beim Bau der Chaussee Jahnsfelde–Trebnitz, dort, wo heute der Gedenkstein mit dem Kreuz liegt, drei Skelette und Uniformstücke gefunden wurden. Die Überreste dieser 3 Soldaten fanden ihre letzte Ruhestätte auf dem Jahnsfelder Friedhof. Der Gedenkstein trug früher die Inschrift: *»Den drei unbekannten Soldaten.«*

Abb. 91 Gedenkstein bei Jahnsfelde

Dies waren drei Soldaten von Hunderttausenden, denen es ähnlich erging. Den Zustand dieser nur noch in Worten existierenden Napoleonischen Armee schildert A. Thiers:
»... endlich, nachdem sie lange marschirt, gelitten und die Erde mit ihren Todten bedeckt, traf diese von Elend gebeugte, bleiche, abgemagerte, mit Lumpen bedeckte Masse, die über ihren Uniformen die seltsamsten Kleider, die sich nur denken lassen, trug, in Moskau weggenommene Männer- und Frauenpelze (es herrschen in diesem Dezember 1812 bis minus 37 Grad C., d. Verf.), *beschmutzte und verbrannte Seidenstoffe, Pferdedecken, kurz, alle Gegenstände, die sie sich zuzueignen vermocht hatte, diese Masse traf den 9. December vor den Thoren von Wilna ein.«* (Thiers, A., Bd. 14, S. 579).

Im Bulletin der großen Armee Molodetschno, d. 3. Dez. 1812, lesen wir: *»Die Kälte nahm plötzlich zu, die Wege waren mit Glatteis überdeckt; die Kavallerie-, Artillerie- und Trainpferde fielen jede Nacht in Menge um, nicht bei hunderten, sondern bei tausenden. Über 30 000 kamen in der Zeit von wenigen Tagen um; unsere meiste Kavallerie war unberitten, unsere Artillerie und Transportwagen waren ohne Bespannung.«* (Müsebeck, E., S. 174)

A. Thiers berechnete auch die Anzahl der Soldaten, die in den Russlandkrieg zogen. Es waren 533 000 Mann und: »*... man übertreibt aber nicht, wenn man sagt, daß ungefähr 300 000 Mann durch Gefechte, durch den Mangel oder durch die Kälte getödtet wurden.*« (Thiers, A., Bd. 14, S. 592 f). Während des Waffenstillstandes 1813 kam es zu einem Treffen zwischen Napoleon und Metternich. Die genaue Anzahl der Kriegstoten ist beiden noch nicht bekannt. »*Ich, was mach ich mir aus 200 000 Mann*«, erklärte Napoleon gegenüber Metternich und fuhr fort: »*Die Franzosen, deren Blut Sie hier vertheidigen, haben sich am Ende doch nicht so sehr über mich zu beklagen. Ich habe allerdings 200 000 Mann in Russland verloren; es befanden sich darunter 100 000 der besten französischen Soldaten; diese beklage ich ... ja, ich beklage sie schmerzlich ... Was die anderen anlangt, das waren Italiener, Polen und vorzüglich Deutsche ... Diese Worte begleitete Napoleon mit einer Gebährde, welche andeutete, daß ihn dieser letztere Verlust wenig rührte.*« (Thiers, A., Bd. 16, S. 60 f.; Gabrowski, J., S. 87).

92. **Geltow/Baumgartenbrück** (PM),
südl. von Werder, an der B 1

Ferdinand von Schill (1776–1809), ein preußischer Offizier, zeichnete sich bei der Verteidigung Kolbergs (1807) aus. Mit seinem Husarenregiment versuchte er, eine allgemeine Erhebung gegen Napoleon auszulösen. Dazu schrieb K. v. Wedel: »*Im Dezember 1808 zieht er als Kommandeur des von ihm selbst gestifteten Husarenregiments in Berlin ein und wird daselbst als einer der Repräsentanten derjenigen Preußen betrachtet, die den alten preußischen Kriegsruhm aufrecht erhalten hatten. Er hielt sich für berufen, die Fackel der Freiheit im nördlichen Deutschland anzuzünden.* (Siegesnachrichten von der österreichischen Armee (28. April 1809) bestärkten ihn in seinem Vorhaben, d. Verf.) *Kaum war Schill mit seinen 500 Husaren einen Tagemarsch von Berlin gegen die Elbe über Potsdam marschiert* (Abb. 92), *als die wirklichen Nachrichten von dem unglücklichen Anfange der österreichischen Kriegsoperation ankamen, worauf er gerne wieder umgekehrt sein würde, wenn es ihm seine Begriffe von Ehre gestattet hätten.*« (Wedel, K. v., Bd. I, S. 138–141). In Geltow/ Baumgartenbrück biwakierte Schill mit seinem Regiment am 28. 4. 1809 und setzte dann an der Stelle über die Havel, wo später die alte stählerne Brücke über den Fluss führte und sich heute noch die beiden Tierfiguren befinden (Abb. 92b).

Abb. 92a

AM 28. 04. 1809 BIWAKIERTE HIER MAJOR F. V. SCHILL MIT SEINEM 2. BRANDENBURGISCHEN HUSARENREGIMENT.

Abb. 92a
Schill-Denkmal

»Schill, in seinen Plänen unschlüssig, marschierte auf den Rat mehrerer Offiziere nach Wittenberg, wo selbst der größte Teil des sächsischen Schatzes unter schwacher Besatzung in der fast offenen Festung verwahrt wurde; und dieser konnte alles geben, um der norddeutschen Revolution Kraft zu verleihen. Man kam hier (1. Mai) an. (Einen Tag vorher traf er Karl von François in Niemegk auf dem Adelhof; vgl. Text zu Abb. 93, d. Verf.). *Mein Bruder erbot sich, mit den reitenden Jägern und einer Handvoll ihm zugelaufener, schlecht bewaffneten Infanterie einen Überfall zu wagen. Schill gestattete diesen in der verzweifelten Lage zweckmäßigen Plan nicht ... und hoffte im Gegenteil, die Wälle von Wittenberg würden wie die Mauern von Jericho vor seiner drohenden Aufforderungsposaune einfallen. Der dortige Kommandant aber bekam dadurch Zeit und Mut, die Tore zu schließen und die Zugbrücken aufzuziehen, und war stark genug, mit seiner schlechten Garnison den streitenden Husaren zu trotzen. Schill musste abziehen und beging nach diesem großen ersten Fehlschritte in seiner tollen Unternehmung gleich den zweiten.*

Die Verblendung seiner eigenen Größe brachte Schill dahin, auf Magdeburg zu marschieren. Nach dem Rate eines unbesonnenen Offiziers (gemeint ist Adolf v. Lützow; vgl. Text zu Abb. 95, d. Verf.) *wurde der Marsch weiter auf Magdeburg beschlossen, auf welchem man bei Dodendorf* (vgl. ebenfalls Text zu Abb. 95, der Verf.), *eineinhalb Meilen vor Magdeburg, auf entgegengeschickte französische und westfälische Truppen stieß (5. Mai). Diese Truppen wurden von Schill an der Spitze seiner Kavallerie und von meinem Bruder mit seiner zusammengelaufenen, schlecht armierten und kaum mit einigen Patronen versehenen Infanterie auf das Tapferste angegriffen. Mein Bruder versuchte, die Westfalen zum Übergehen zu bewegen, ... sie antworteten mit Gewehrsalven auf die gemachten Anträge wobei mein Bruder blessiert und gefangen wurde. Schill zwang zwar die Franzosen sich auf Magdeburg zurückzuziehen und er machte 17 Offiziere und eine Menge Gemeine zu Gefangenen. Es zeigte ihm aber, was er von dem Volke zu erwarten habe, welches nicht den geringsten Anteil daran nahm; Schill bot alle zu Gefange-*

nen gemachten Offiziere als Auswechselung für meinen Bruder an, ... man schlug es aus. So endete die Schillsche Unternehmung ... Die gemeinen Gefangenen wurden als Rebellen nach Frankreich auf die Galeeren geschleppt, die Offiziere ... in Wesel auf Napoleons Befehl erschossen. Durch seine Verwundung wurde mein Bruder am Leben erhalten, aber auch zu den Galeeren verdammt.« (Wedel, K. v., Bd. I, S. 138–141).

Schills Zug ging von Magdeburg aus weiter nach Mecklenburg und Schwedisch-Pommern. Von holländischen und dänischen Truppen bedrängt, rettete er sich am 25. Mai nach Stralsund, wo die Dänen und Holländer am 31. Mai mit 6 000 Mann erschienen. Am 31. 5. 1809 fiel Schill im Straßenkampf. Elf seiner Offiziere wurden am 16. September 1809 in Wesel standrechtlich erschossen; über 530 Soldaten kamen auf französische Galeeren.

Auch von d. Marwitz (vgl. Text zu Abb. 90) beurteilte Schill ebenso kritisch wie Wedel: *»... dabei sah der Kerl so verschmitzt aus, daß ich alsbald genug hatte und wußte, daß nichts dahinterstecke. ... Er war sehr tapfer, auch listig aber unglaublich dumm, wodurch bald Hochmut erregt wurde, den er unter einer erheuchelten Bescheidenheit zu verbergen trachtete. Die Tugendbündler[1], die das Vaterland durch Redensarten und anderer Leute Kraft und Blut befreien wollten, machten sich an ihn, und so geriet er unter alle die Umtriebe, die in Deutschland gemacht wurden. Sein Ende in Stralsund aber war durch seine Kopflosigkeit völlig verschuldet.«* (Marwitz, F. L. von d., S. 270 ff.)

[1] Sittlich-wissenschaftlicher Verein, mit Genehmigung des Königs 1808 in Königsberg gegründet, sein Ziel: – die verzagten Gemüter wieder aufzurichten – Elend zu lindern – volkstümliche Jugenderziehung zu propagieren – die Reorganisation des Heeres zu betreiben – sich für Patriotismus einzusetzen – die französische Fremdherrschaft zu beseitigen. 1809 vom König offiziell wieder aufgelöst.

Abb. 92b Detail des Brücken-Schmuckelements aus dem Jahre 1910 (fec. Walter 1908)

93. **Niemegk** (PM),
westl. von Treuenbrietzen,
an der B 102

In Erinnerung an das Treffen zwischen Schill und Karl von François (vgl. Text zu Abb. 92) wurde auf dem Grundstück des ehemaligen Adelhofes, dicht an der Straße, ein beschrifteter Feldstein gesetzt.

Abb. 93
Gedenkstein für K. v. François und F. v. Schill

Abb. 93
HIER TRAFEN SICH AM 30. 4. 1809 KARL VON FRANÇOIS UND FERDINAND VON SCHILL, UM GEGEN NAPOLEON ZU ZIEHEN

Die Begegnung mit Schill beschrieb Karl v. François wie folgt: *»Es war am 30. April, als ich mit meinem Bruder Friedrich, von einem abendlichen Spaziergange heimkehrend, das Städtchen* (Niemegk, d. Verf.) *in geheimnisvoller Aufregung ... fand. Der Major Schill – so hieß es – stehe mit seinem Korps schon hart an der Grenze, bereit, dieselbe in jedem Augenblicke zu überschreiten. Ein größeres Heer ziehe ihm nach, der Krieg zwischen Preußen und Frankreich sei so gut wie eröffnet. Mein Herz begann bei diesen unerwarteten Nachrichten mächtig zu klopfen. Das Schillsche ... Korps zog weiter gen Wittenberg, Schill selbst hielt eine flüchtige Rast ... auf dem Gute Niemegk, hauptsächlich um bei meinem Bruder ... über Land und Leute Erkundigungen einzuziehen und dessen gute Spezialkarten zu benutzen. ... Ich stürzte in das Familienzimmer ..., wo der Held sich freundlich zu meiner Begrüßung erhob. Der Bund der Treue, das Gelübde der Hingabe und Anhänglichkeit an das heilige Befreiungswerk war schnell mit Kuß und Handschlag besiegelt. Ich trat als Offizier in Schillsche Dienste und versprach meinem Chef ... ihm noch in der nämlichen Stunde zu folgen; um zunächst sein Führer zu sein bis in die mir wohl bekannte Festung Wittenberg.«* (François, K. v., S. 68–71)

94. **Mittenwalde** (LDS),
s-westl. von Königs Wusterhausen, an der B 246

Hans David Ludwig Yorc (1759–1830) trat in holländische

Dienste ein, kämpfte jedoch ab 1785 in verschiedenen Kriegen für Preußen. 1808 vertraute man ihm die Generalinspektion und Ausbildung sämtlicher preußischer leichter Truppen an. 1811 stieg er zum Generalgouverneur der Provinz Preußen auf. Im französischen Feldzug 1812 führte er das den Franzosen zugeteilte preußische Hilfskorps. Als die französische Armee im Dezember 1812 Russland in Eile verließ, hatte er das Kommando über die zu deren Rückzugssicherung bestimmten preußischen Soldaten.

Ohne den Auftrag des Königs schloss er – lange zögernd – mit dem russischen General von Diebitsch am 30. 12. 1812 ein Neutralitätsabkommen, die *»Konvention von Tauroggen«*. Der König erklärte den Vertrag offiziell für nichtig; Yorck behielt jedoch sein Kommando und leitete die Volksbewaffnung.

Die Franzosen bemerkten seit langem, dass Preußen kein sicherer Verbündeter mehr war und dass eine Erhebung bevorstünde. Am 24. Februar 1813 erließ der französische Gouverneur von Berlin, Eugè-ne Beauharnais, eine Warnung an die Berliner Bevölkerung: *»Einwohner von Berlin. Der König von Preußen ist der Verbündete des Kaisers Napoleon, meines erlauchten Vaters und gnädigen Herrschers. Der König von Preußen ist unfähig, seiner Pflicht zu fehlen. Aber in eurer Mitte gibt es zu dieser Zeit Leute, die sich nicht schämen, Gefühle auszudrücken, die den Feinden Frankreichs und Preußens günstig sind. Diese sind Rebellen gegen S. M. den König von Preußen und verletzen die Ehre seines Volkes. Sie bringen den Ruf von der Aufrichtigkeit des preußischen Herrschers in falschen Verdacht, sie setzen seine Hauptstadt allen Schrecken einer Verwüstung aus ... Infolgedessen haben Wir, Eugène Napoleon von Frankreich ... verordnet und verordnen wie folgt: Artikel 1. Jeder Bewohner der Staaten S. M. des Königs von Preußen, der sich irgendeiner Beschimpfung der Truppen S. M. des Kaisers und Königs oder auch nur irgendwelcher Machenschaften zur Begünstigung der Feinde Frankreichs und seiner Verbündeten schuldig macht, wird ohne Verzug verhaftet, vor ein Kriegsgericht gestellt und mit dem Tode bestraft. Das Urteil wird an ihm binnen 24 Stunden auf dem Hauptplatze der Stadt Berlin vollstreckt. ...«* (Klein, T.)

Abb. 94
Eingang zum Hause Yorcks

Am 17. März zog Yorc in Berlin ein und der König rehabilitierte ihn. York nahm an den Schlachten von Großgörschen und Bautzen teil und war siegreich an der Katzbach. In einem blutigen Gefecht bei Wartenburg ermöglichte er Blücher am 3. Oktober den Übergang über die Elbe. Auch der Sieg bei Möckern war ihm zu verdanken. Am 1. Januar 1814 erzwang Yorck den Übergang über den Rhein und zog kämpfend gegen Paris, das er am 30. März 1814 erreichte. Nach dem Ende der Feindseligkeiten erhielt er die Namensbeilegung »von Wartenburg« und wurde in den Grafenstand erhoben. 1855, fünfundzwanzig Jahre nach seinem Tod, enthüllte man in Berlin das von Rauch entworfene Standbild. In der Yorckstraße 45, auf einem Schild neben der Tür, über der sich die Steinbüste Yorcks befindet, liest man: *Ludwig Graf Yorck von Wartenburg lebte von 1799–1806 in Mittenwalde. Dieses Haus hat er im Jahre 1806 als sein Wohnhaus errichten lassen.*

95. **Schöneiche** (LOS),
s.-östl. von Berlin

»Was glänzt dort vom Walde im Sonnenschein? Hör's näher und näher brausen. Es zieht sich herunter in düsteren Reihn, und gellende Hörner schallen darein Und erfüllen die Seele mit Grausen. Und wenn ihr die schwarzen Gesellen fragt: Das ist Lützows wilde, verwegene Jagd.« (Th. Körner)

Abb. 95
Gedenktafel für W. Freiherr v. Lützow

Ludwig Adolf W. Freiherr von Lützow (1782–1834), der 1806 an der Schlacht von Auerstedt teilnahm, schloss sich dem Schill'schen Korps in Kolberg an und organisierte dessen Kavallerie. Seine Verwundung im Gefecht bei Dodendorf (vgl. Text zu Abb. 92, 93) heilte er in dem Dorf Schöneiche aus, wo an dem Haus, in dem er wohnte (Dorfstraße 14), eine Tafel angebracht ist.

Abb. 95
In diesem Hause fand 1809 der im Gefecht bei Dodendorf unter

Major von Schill schwer verwundete spätere Freikorpsführer Adolph von Lützow, bei seinem Freunde, dem Geh. Rat v. Schütze (Sohn des Fr. W. Schütze, vgl. Text zu Abb. 86, d. Verf.)*, Gutsherr von Schöneiche, gastliche Aufnahme und treueste Pflege. (H. Walter Graf v. u. z. d. Heyd).*

Im Februar 1813 erhielt Lützow die Erlaubnis, in Schlesien ein Freikorps zu gründen, zu dem F. L. Jahn (vgl. Text zu Abb. 97), F. Friesen, und Th. Körner stießen. Da die Lützower die von F. L. Jahn vorgeschlagene schwarz-rot-goldene Fahne nicht führen durften, trugen sie schwarze Röcke, rote Aufschläge und goldene Knöpfe. Ihre Kleidung gab ihnen den Namen die *»Schwarze Schar«*. Die Franzosen nannten sie *»Le Corps des Brigands noirs«*. Sie hatten geheime Erkennungs- und Mitteilungsworte, Zeichen, Grüße, Signale und Schrift. Die Lützower Jäger, eine leicht bewaffnete Schar, hatte die Aufgabe, die Nachschubtransporte des Feindes durch »Störmanöver im Rücken« anzugreifen, sie gehörten dem *»Tugendbund«* an (vgl. Text zu Abb. 92[1)]). Diese Kampftaktik war auch die der anderen Freikorps, die an keinem entscheidenden Kampf teilnahmen, da ihre Schar nur aus etwa 2 800 Mann zu Fuß, darunter auch Frauen (vgl. Text zu Abb. 96 u. 109c), und 480 Reitern bestand. Ihre Erfolge waren insgesamt bescheiden.

Zu Beginn des Waffenstillstandes im Jahre 1813 befanden sich die Lützowschen Jäger im Vogtland. Sie waren von jeder Verbindung abgeschnitten und erfuhren verspätet von der Waffenruhe. Trotz des Waffenstillstandes wurden sie eingekesselt. Mit großer Übermacht schlug die Kavallerie des württembergischen Generals Normann die »Schwarzen Jäger« und die mit ihnen kämpfenden Kosaken vernichtend. Lützow und Theodor Körner entkamen verwundet. Die Gefangenen wurden auf Befehl Napoleons wie »Brigands« (Räuber) behandelt und viele auf Lebenszeit auf die französischen Galeeren verbannt. Theodor Körner fiel am 29. August 1813 im Kampf bei Gadebusch (Mecklenburg) und wurde in Wobbelin am 30. August 1813 beerdigt. Aus ihrem verwegenen Kampf am 16. September an der Göhrde, in dem Lützow erneut verwundet wurde, stammt der Ruhm der *»Schwarzen Scharen«*. In diesem Gefecht fiel auch der Jäger Eleonore Prochaska (vgl. Text zu Abb. 96).

Lützow sammelte die Reste seines Freikorps in Boitzenburg und kämpfte gegen die Dänen. Am 19. Januar 1814 befahl der König, die Fußtruppe der Lützower in ein Linienregiment und die berittenen Jäger in ein anderes Kavallerieregiment einzugliedern. 1822 wurde Lützow zum Generalmajor ernannt. Sein Grab befindet sich auf dem Alten Garnisonsfriedhof in Berlin, Kleine Rosenthaler Str. 3–7.

Lit.: Krimer, Bd. II, S. 272–345.

96. **Potsdam**,
Alter Friedhof, Heinrich-Mann-Straße

Eleonore Prochaska war die Tochter eines Gardeunteroffiziers in Potsdam. Sie schloss sich als Freiwillige, als Mann verkleidet, dem Lützow'schen Freikorps an. Ihren ersten, immer wieder zitierten Brief an den Bruder hat Ch. F. Förster in *»Preußens Helden in Krieg und Frieden«*, Bd. 5, veröffentlicht:

»Aus unserem ersten Biwak 1813. Lieber Bruder! Nun habe ich Dir noch etwas ganz Neues zu erzählen, worüber Du mir aber versprechen mußt, nicht böse zu sein. Ich bin seit vier Wochen schon Soldat! Erstaune nicht, aber schelte auch nicht! Du weißt, daß der Entschluß dazu schon seit Anfang des Krieges meine Brust beherrschte ... Ich war im Innern meiner Seele überzeugt, keine schlechte oder leichtsinnige Tat zu begehen, denn sieh nur Spanien und Tirol, wie da die Weiber und Mädchen handelten! Ich verkaufte also mein Zeug, um mir erst eine anständige Manneskleidung zu kaufen, bis ich Montierung erhalte; dann kaufte ich mir eine Büchse für 8 Rtlr., Hirschfänger und Tschako für zusammen 3 ½ Rtlr. Nun ging ich unter die Schwarzen Jäger. Meiner Klugheit kannst Du zutrauen, daß ich unerkannt bleibe ... Lebe wohl, guter Bruder! Ehrenvoll oder nie siehst Du mich wieder. Grüße Vater und Karoline tausendmal; sage ihnen, versichere sie, daß mein Herz stets gut und edel bleiben wird, daß keine Zeit, Schicksal oder Gelegenheit mich zu Grausamkeiten oder bösen Handlungen verleiten soll, und daß stets mein Herz treu und bieder für Euch schlägt. Mit ewiger Liebe Deine Leonore, genannt August Renz, freiwilliger Jäger im Lützowschen Freicorps im Detachement 1. Bataillon.«

In der Schlacht an der Göhrde, am 26. August 1813, schlug sie beim Angriff gegen die französischen Stellungen auf dem Steincker Hügel mit der Trommel eines gefallenen französischen Trommlers den Sturmmarsch. Am Oberschenkel getroffen, hielt sie sich stürzend am Arm des

Leutnants Ch. F. Förster fest und sprach: »Herr Leutnant, ich bin ein Mädchen.« Sie wurde nach Dannenberg transportiert und erlag am 5. Oktober 1813 am Wundbrand ihren Verletzungen.

Friedrich Rückert hat auf sie ein Gedicht geschrieben: *»Auf das Mädchen aus Potsdam, Prochaska.«* Beethoven komponierte im Gedenken an sie die Musik zu einem Trauerspiel *»Eleonore Prochaska«* nach dem Drama von Friedrich Duncker.

In Potsdam, auf dem Alten Friedhof, erinnert eine 1889 im Stil der Zeit errichtete, auf einem Podest stehende Säule mit einem krönenden Adler an diese Heldin. Die vier Seiten des Podestes tragen Inschriften:

Abb. 96
Gedenksäule für Eleonore Prochaska

Abb. 96
Eleonore Prochaska geboren in Potsdam am 11. März 1785. Erzogen im königl. milit. Waisenhaus Der Heldenjungfrau zum Gedächtnis 1889 Freiwilliger Jäger im Lützow'schen Korps zum Tode verwundet im Gefecht an der Göhrde Gest. 5. Octbr 1813

97. **Lanz** (PR),
n.-westl. von Wittenberge, an der B 195

Friedrich Ludwig Jahn (1778–1852) besuchte von 1791–1794 das Gymnasium in Salzwedel und das Graue Kloster in Berlin. Er studierte Theologie und Philologie. Unter dem Pseudonym Höpffner gab er 1800 in Halle eine Schrift *»Über die Beförderung des Patriotismus im Preußischen Reiche allen Preußen gewidmet«* heraus. Jahn erlebte die Niederlage des preußischen Heeres, zog wandernd durch Deutschland und veröffentlichte 1810 in Lübeck sein *»Deutsches Volkstum«*. Hierin forderte er ein einiges Deutschland, die Erweckung nationaler Erziehung und ein volkstümliches Staats- und Heerwesen. Von 1809 an unterrichtete er in Berlin unter anderem am Grauen Kloster. Er zog mit Jugendlichen ins Grüne und hielt sie zu Leibesübungen an. 1811 wurde auf Initiative des »Turnvaters Jahn« in der Hasenheide (Berlin) der erste Turnplatz angelegt. Jahn zur Seite stand K. F. Friesen. Das Turnen war – wenn auch verdeckt – auf Wehrerziehung angelegt. Der Zulauf war groß.

1813 ging Jahn als Freiwilliger nach Breslau und kümmerte sich gemeinsam mit Friesen um die Organisation und Werbung für das Lützow'sche Freikorps. Jahns Tätigkeit war mehr eine agitatorische als eine militärisch-kämpferische. Am 6. 5. 1813 reiste er nach Dresden zu General Scharnhorst und erhielt einen Tag später die Führung aller in Sachsen zerstreuten Truppen des preußischen Freikorps. Jahn zog in den Spreewald und schloss sich dort dem brandenburgischen Landsturm an. Nach seiner Teilnahme an verschiedenen Gefechten wandte er sich 1814 erneut dem Turnen zu, zog jedoch 1815 – nach Napoleons Rückkehr – wieder in den Kampf. In Berlin gründete Jahn mit anderen die *»Berlinische Gesellschaft für deutsche Sprache«* und hielt Vorträge über deutsches Volkstum. Vor allem aber widmete er sich weiter den Leibesübungen und gab mit seinem Schüler Eiselen die Schrift *»Deutsche Turnkunst«* heraus. 1835 veröffentlichte er die *»Denknisse eines Deutschen, oder Fahrten des Alten im Bart«*. Nach 1848 ließ die Regierung seinen Turnplatz schließen, er wurde des Demagogen-tums verdächtigt und kam in verschiedene Festungen; man beschränkte sein Aufenthaltsrecht und stellte ihn unter polizeiliche Aufsicht. Unter Friedrich Wilhelm IV. erhielt er nachträglich das Eiserne Kreuz; man wählte ihn in das deutsche Parlament. Jahn ist geistiger Vater der Burschenschaft und Wegbereiter der Turnkunst. In Lanz, seinem Geburtsort, wurde ihm zu Ehren 1865 ein Obelisk – heute von hohen Eichen eingerahmt – mit seinem Portraitrelief aufgestellt.

Abb. 97
Obelisk für F. Ludwig Jahn

Abb. 97
(Vorderseite) *Friedrich Ludwig Jahn, geb. den 11. August 1778 in Lanz, gest. den 15. October 1852 in Freiburg an der Unstrut.* (Rückseite) *Errichtet 1865 von den Turnvereinen Freyenstein, Pritzwalk, Havelberg, Putlitz, Kyritz, Wilsnack, Lenzen, Wittenberge, Perleberg, Wittstock. Erneuert vom Turnkreise III b. (Prov. Brandenburg) 1896*

98. **Dahme** (TF),
s.-östl. von Jüterbog, an der B 102

In vielen Orten Brandenburgs errichteten Turnvereine für F. L. Jahn Denkmale, wie zum Beispiel in Dahme (vgl. Text zu Abb. 97) oder in **Altlandsberg** (MOL; nahe dem östlichen Berliner Autobahnring) auf dem (alten) Marktplatz.

Abb. 98
FRIEDRICH LUDWIG JAHN GEW. VOM MÄNNER=TURNVEREIN »GUT HEIL« 1903

Abb. 98
Gedenkstein für F. Ludwig Jahn

99. **Blumberg** (MOL),
östl. des Berliner Ringes, an der B 158

Im ehemaligen, 1840 von Lenné gestalteten Schlosspark (das Schloss, Mitte des 18. Jh. von Stüler umgebaut, wurde nach 1945 zerstört) steht ein von Verwitterung gezeichnetes Denkmal für den 1813 im Landsturm gefallenen Otto von Arnim. Auf einem breiten Podest ist der heilige Georg dargestellt, der mit dem Drachen kämpft.

Die von Arnims lebten von 1836 bis 1933 in Blumberg.

Abb. 99
Denkmal für Otto v. Arnim

Abb. 99
(Vorderseite) *ALS ERSTER IM KAMPF FÜR DEUTSCHLANDS BEFREIUNG FIEL HIER AUF HEIMATLICHER ERDE EIN TREUER SOHN DER MARK OTTO VON ARNIM, AM 18. FEBRUAR 1813 A. D. H. SUCKOW,*
(Rückseite) *DIESES DENKMAL SETZTE DER AUS GLEICHEM GESCHLECHTE ENTSPROSSENE BESITZER VON BLUMBERG*

100. **Gölsdorf** (LOS),
Richtg. Eggersdorf, nahe Müncheberg

Das Denkmal steht für einen russischen Of-

fizier, der die im Dezember 1812 aus Russland in Richtung Westen fliehenden französischen Truppen mit seinen Soldaten verfolgte und angriff. Er fiel bei Gölsdorf.

Abb. 100
AM 22. FEBRUAR 1813 FIEL HIER SIEGEND EIN TAPFERER RUSSISCHER OFFIZIER SEIN NAME IST UNBEKANNT PREUSSISCHE WAFFENBRÜDER SETZTEN IHM DIESES DENKMAL

Abb. 100
Denkmal für einen unbekannten russischen Offizier

101. **Nennhausen** (HVL),
östl. von Rathenow, an der B 188

Friedrich Baron de la Motte Fouqué hat jahrelang auf Schloss Nennhausen gelebt. In der Nennhausener Kirche ist unter einem Degen ein Holzschild mit einer Inschrift angebracht.

Abb. 101
Dieses Schwerdt hat Friedrich Baron de la Motte Fouqué im Jahre 1813 zur Vertheidigung des Vaterlandes ehrlich geführt und es zu Gottes Lob und Preis für den Sieg der gerechten Sache hierher geweihet am 13. Januar 1814.

Abb. 101
Erinnerung an de la Motte Fouqué

Friedrich Baron de la Motte Fouqué wurde am 12. Februar 1777 in Brandenburg an der Havel geboren. Er war Leutnant der Kavallerie, heiratete 1803 in zweiter Ehe Karoline v. Rochow, die nach dem Tode ihres Vaters Besitzerin von Schloss Nennhausen wurde. De la Motte Fouqué schrieb hier 1811 das Märchenspiel »Undine« (1816 von E. T. A. Hoffmann, 1845 von Lortzing vertont), außerdem *»Der Zauberring«, »Die vier Brüder von der Weserburg«, »Das Galgenmännlein«* u. a. Er zählt zu den bekanntesten Dichtern der »Heidelberger Romantik«. Zeitgenossen, die ihn freundlich den *»Märkischen Dichterfürsten«* nannten, verweilten oft in Nennhausen: A. W. Schlegel, K. A. Varnhagen, E. T. A. Hoffmann, H. v. Kleist, W. v. Humboldt, vor allem aber sein engster Freund A. v. Chamisso, der in Erinnerung an diese Zeit sein Gedicht *»Einem wohllöblichen und ausgezeichneten Pappelbaum im herrschaftlichen Garten in Nennhausen«* (1824) schrieb. Für J. v. Eichendorff war de la Motte Fouqué ein unermüdlicher Wegbereiter und Gönner.

1813 zog de la Motte Fouqué als freiwilliger Jäger im Lützow'schen Korps in den Befreiungskrieg. Aus jener Zeit stammt sein bekanntes Soldatenlied *»Frisch auf! zum fröhlichen Jagen!«*. Nach dem Tode von Karoline, die ebenfalls schriftstellerisch tätig war und testamentarisch festgelegt hatte, dass ihm nur so lange Wohnrecht auf Nennhausen zuzüglich einer monatlichen Rente zuzubilligen sei, wie er unverheiratet bleibe, musste er Nennhausen verlassen. 1842 holte ihn Friedrich Wilhelm IV. nach Berlin, wo er ein Jahr später verstarb. Sein Grabstein steht auf dem Alten Garnisonsfriedhof in Berlin, Kleine Rosenthaler Str. 3–7.

102. **Wiepersdorf** (TF),
zwischen Jüterbog und Dahme, nahe der B 102

Lieben und geliebt zu werden Ist das Einzige auf Erden, Was ich könnte, was ich möchte, Was ich dächte, Daß es mir noch könnte werden, Lieben und geliebt zu werden. (A. v. Arnim)

Am 26. Januar 1781 wurde Karl Friedrich Joachim Ludwig (Achim) von Arnim in Berlin geboren. Seine Eltern sind der Direktor des Königlichen Schauspiels Joachim Erdmann von Arnim und Amalie Caroline, geborene von Labes (vgl. Text zu Abb. 43). A. v. Arnim studierte 1798 Naturwissenschaften, wandte sich jedoch der Poesie zu, nachdem er die Bekanntschaft Clemens Brentanos und Goethes machte. Er veröffentlichte naturwissenschaftliche Aufsätze, Erzählungen und Romane. 1805 bildete sich der Freundeskreis der »Heidelberger Romantik«, dem er, Clemens Brentano, Joseph Goerres (Hrsg. der *»Teutschen Volksbücher«*, 1807; *»Volks- und Meisterlieder«*, 1817; seit 1814 Hrsg. des *»Rheinischen Merkur«)*, Karl v. Savigny (Jurist und später Justizminister) Jacob und Wilhelm Grimm, F. de la Motte Fouqué (vgl. Text zu Abb. 101) sowie andere, angehörten. Von Arnim und Brentano gaben 1805 den ersten Band der Volksliedersammlung *»Des Knaben Wunderhorn. Alte deutsche Lieder«* heraus. 1806, mit Beginn der Napoleonischen Kriege, erschienen Arnims *»Kriegslieder«*. Zwei Jahre später gab er mit Brentano und Goerres die Zeitschrift *»Zeitung für Einsiedler«* heraus, für die u. a. Hölderlin, Uhland und Kerner schrieben, und deren Ausgaben später in dem Band *»Tröst-einsamkeit«* zusammengefasst wurden.

1811 gründete v. Arnim die *»Christlich Deutsche Tischgesellschaft, eine gemischte Gesellschaft aus vielen treflichen, aber einander wenig bekannten Menschen zur gemeinsamen Berathung über Gesetze, und zur gemeinsamen Lust«*, die der Regierung kritisch gegenüberstand. Im selben Jahr heiratete er Bettina Brentano. Während der Befreiungskriege diente v. Arnim als Hauptmann in einem Berliner Landwehrbataillon.
Ab 1814 bewohnte die Familie in Wiepersdorf ein Herrenhaus, das in den Dreißiger Jahren des 18. Jahrhunderts in schlichtem Barock errichtet und 1780 von Achim Erdmann v. Arnim, dem Vater Achims, gekauft wurde. Seine Schwiegermutter, Elisabeth v. Labes (vgl. Text zu Abb. 43), hatte ihm die Kaufsumme von 100 000 Reichstalern geliehen. Nach Erdmanns Tod (1804) bemühten sich die Erben erfolglos, den nur wenig Gewinn abwerfenden Besitz zu verkaufen, was durch das Testament der Großmutter v. Labes verhindert wurde. So musste Achim v. Arnim als Landwirt tätig werden, um seine Familie zu ernähren. Er versorgte die Familie in Berlin mit Gemüse, Obst, Fleisch und Milchprodukten. (Wiepersdorf, September 1820): *»... einen Scheffel* (ca. 55 Liter, d. Verf.) *Borsdorfer* (alte Apfelsorte, d. Verf.) *bringe ich Dir aus dem Wiepersdorfer Garten mit. Die Buttersendung verzögert sich, weil die Krankheit der Kühe den Milchertrag vermindert hat, obgleich in diesem Jahr die Weide im Überfluß vorhanden.«*

Von 1816 an verbrachte Bettina mit ihren Kindern die meiste Zeit ihres Lebens in Berlin. Die Motive der Einsamkeit und Sehnsucht spielen fortan im literarischen Schaffen A. v. Arnims eine wichtige Rolle. Der phantastische im Mittelalter spielende Roman *»Der Kronwächter«* erschien 1817. Das *»Gebet«* aus dem *»Kronwächter«* ist in einer Steintafel auf dem Familienbegräbnis der Arnims in Wiepersdorf festgehalten: *Gib Liebe mir und einen frohen Mund, Daß ich dich, Herr, der Erde thue kund; Gesundheit gib bei sorgenfreiem Gut, Ein frommes Herz und einen festen Mut; Gib Kinder mir, die aller Liebe wert, verscheuch die Feinde von dem trauten Herd; Gib Flügel dann und einen Hügel Sand, Den Hügel Sand im lieben Vaterland, Die Flügel schenk dem abschiedsschweren Geist, Daß er sich leicht der schönen Welt entreißt.*

1831 verstarb Achim v. Arnim in Wiepersdorf. Er und seine Frau Bettina fanden hier ihre letzte Ruhestätte. Für Eichendorff hat A. v. Arnim die Romantik *»am reinsten und gesundesten repräsentiert«*. Er schilderte ihn als *»männlich schön,* *von edlem, hohen Wuchse, freimütig, feurig und mild, wacker, zuverlässig und ehrenhaft in allem Wesen, treu zu den Freunden haltend, wo diese von allen verlassen ...«.* Der Traum, der Somnambulismus, der in Arnims Werken eine bedeutende Rolle spielt, trug ihm in Frankreich den Ruf eines Vorläufers des französischen Surrealismus ein.

Abb. 102
HIER RUHT LUDWIG ACHIM FREIHERR VON ARNIM GEBOREN DEN 26. JANUAR 1781 GESTORBEN DEN 21. JANUAR 1831 DEUTSCHER DICHTER
Lit.: Arnim, A.; Leixner, O. v.

Abb. 102
Ruhestätte von Achim v. Arnim

103. **Sielow** (SPN),
Vorort von Cottbus, Philippstr./Ecke Reisstr.

Zu den Oudinotschen Truppen, die 1813 während des Waffenstillstandes bei Cottbus lagerten, gehörten auch gepresste westfälische Soldaten, die, soweit es ihnen möglich war, fahnenflüchtig wurden. Fünf dieser »Deserteure« wurden gefasst und bei Sielow erschossen. Dort steht auf einem Podest ein eisernes Erinnerungskreuz aus dem Jahre 1845 mit einer Inschrift und ihren Namen.

Abb. 103
Ruhestätte der unter französischer Herrschaft am 16. Juli 1813 hier erschossenen Krieger aus Westfalen

Abb. 103
Gedenkstein für erschossene westfälische Soldaten

104. **Mellen-Saalow** (TF),
n.-östl. von Luckenwalde

Auf einem freien Platz gegenüber der Feuerwehr stehen verschiedene Gedenksteine und Tafeln, zum Teil stark verwittert, die an den Kampf preußischer Soldaten erinnern. Einen Tag vor dem Gefecht von Wietstock (Abb. 105) hat-

te die preußische Vorhut Berührung mit den aus Richtung Baruth anrückenden Truppen von Marschall Oudinot.

Abb. 104
Hier ruhen in Gott die im Freiheitskriege am 21. August 1813 bei Mellensee gefallenen Krieger (Auf einer Eisentafel ist zu lesen:) *Leo von Borcke fiel hier hoffnungsvoll und Gott vertrauend für König und Vaterland den 21. August 1813*

Abb. 104
Gedenkstein für gefallene Freiheitskrieger

105. **Wietstock** (TF),
Richtg. Ludwigsfelde vor der Kreuzung mit der B 101; südl. von Großbeeren

Eine französische Armee (vgl. Abb. 104) zog von Baruth aus in drei Kolonnen Richtung Berlin. Bevor es zur Schlacht von Großbeeren kam (vgl. Text zu Abb. 106), mussten sie im Wald bei Wietstock, zirka 10 km südlich von Großbeeren, die sumpfige Nutheniederung überqueren. Preußische Truppen, die sich hier verschanzt hatten, wichen unter Verlusten der französischen Übermacht. In Erinnerung an diese Kämpfe vom 22. August 1813 wurden beiderseits der Chaussee – etwa 30 m beziehungsweise 80 m tief im Wald gelegen – Denkmäler errichtet, zu denen zwei Wege führen. Rechts, nahe der Straße, steht ein Gedenkstein mit der Inschrift:

Abb. 105
Gedenksteine für gefallene Freiheitskrieger

Abb. 105
1813 GEWIDMET DEM ANDENKEN DER AM VORABEND DER SCHLACHT VON GROSSBEEREN IM KAMPF GEGEN DIE FRANZÖSISCHE ARMEE DES MARSCHALLS OUDINOT GEFALLENEN SOLDATEN UND OFFIZIERE

Weiter im Wald zurückgelegen steht eine Urne auf einem Podest:

- *Hier ruhet die Asche W. Busch, Adjutant, der Uckermärkischen Landwehr Cavallerie starb den Tod für's Vaterland d. 22ten Aug. 1813*

  (Daneben liegt eine beschädigte, aus mehreren Teilen bestehende Grabplatte mit einem Kreuz, d. Verf.)
- *Hier ruhen die gefallenen Offiziere des 2. West – preußischen Dragoner Regiments. CARL GRAF ...*

  (Name unleserlich, d. Verf.) *OTTO VON DARGIRZ*

Auf der gegenüberliegenden Straße steht ein Stein:

- *1813 IM KAMPF GEGEN DIE FRANZÖSISCHE OCCUPATIONSARMEE BESTAND HIER DAS II. KURMÄRKISCHE LANDWEHR CAVALLERIE-REGIMENT BEI DER VERTEIDIGUNG BERLINS SEINE FEUERTAUFE HIER FIEL DER KOMMANDEUR DIESES REGIMENTS MAJOR VON WEDEL*

106. **Großbeeren** (TF),
südl. von Berlin, an der B 101, nördl. der A 10

Die französische Nordarmee unter dem Befehl von Marschall Nicolas Oudinot verfügte über 40 000 Franzosen und 40 000 Soldaten anderer Nationalität – überwiegend Sachsen. Von Baruth aus rückten die französischen Truppen in drei Kolonnen vor: westlich in der Nutheniederung (unter Oudinot), östlich von Großbeeren/Sperenberg-Blankenfelde (unter Bertrand) in der Mitte Schönefeld/Wietstock/Großbeeren (unter Reynier). Diesen stand in einer von Gütergotz bis Heinersdorf reichenden Linie die alliierte Nordarmee unter dem Befehl des schwedischen Kronprinzen Bernadotte entgegen: Etwa 40 000 Mann unter Generalleutnant von Bülow, 30 000 Mann unter Generalleutnant von Tauentzien, 20 000 schwedische Soldaten unter dem Kronprinzen sowie ein Korps von 10 000 russischen Soldaten unter General von Winzingerode.

Bertrand wurde am Vormittag des 23. August bei Blankenfelde von Tauentzien zurückgeschlagen. Am Nachmittag desselben Tages vertrieb Reynier mit 20 000 Soldaten und 68 Geschützen die Preußen aus dem Dorf Großbeeren. Am Windmühlenberg ließ er biwakieren. Bülow

griff Großbeeren mit 30 000 Preußen und 84 Geschützen vom Windmühlenberg her an. Es entwickelten sich bei Regenwetter schwere Bajonettkämpfe, vor allem um die zerstörte Kirche. Die Franzosen wurden geschlagen und Reynier gab den Befehl zum Rückzug. Oudinot ließ seine Kavallerie erneut – erfolglos – angreifen. Die Franzosen zogen sich nach Trebbin zurück. Sie verloren 3 000 Mann und 14 Geschütze, die Preußen nur 1 000 Soldaten. Berlin war gerettet.

Am 24. August zog Oudinot seine Armee bis nach Wittenberg zurück. Darüber zutiefst erbost, ließ Napoleon ihn durch Marschall Ney ersetzen, der 14 Tage später bei Dennewitz (vgl. Text zu Abb. 109) gegen Bülow kämpfen sollte. Zur Erinnerung an die Schlacht von Großbeeren ließ die Stadt Berlin 1907 auf dem Windmühlenberg aus Findlingen eine »Bülow-Pyramide«, versehen mit einem Reliefbild Bülows (von Rudolf Siemering), errichten. Auf einer Tafel stehen die Worte:

Abb. 106a
»Bülowpyramide«

Abb. 106b
Fiale für
die Gefallenen
der Schlacht
von Großbeeren

Abb. 106a
»UNSERE KNOCHEN SOLLEN VOR BERLIN BLEICHEN NICHT RÜCKWÄRTS.«

Diese Worte soll Bülow am 22. August nach einer Auseinandersetzung mit Kronprinz Bernadotte, der sich hinter die Spree zurückziehen wollte, ausgesprochen haben.
(Auf der Rückseite der Pyramide:)
»Zur Erinnerung an die siegreiche Schlacht bei Großbeeren am 23. August 1813.«

Nicht weit von diesem Denkmal entfernt, auf dem alten Friedhof mit der nach Schinkels Plänen von 1818–1820 neu erbauten gotischen Kirche, wurde 1817 auf Veranlassung Friedrich Wilhelms III. eine neogotische Fiale aus Gusseisen auf einem Steinsockel, ebenfalls von Schinkel entworfen, errichtet.

Abb. 106b
Die gefallenen Helden ehrt dankbar König und Vaterland Sie ruhen in Frieden Gr. Beeren den 23. August 1813

An der Nordseite der Kirche steht ein weiteres Denkmal:

Den Tapferen des Colbergschen Regiments, die am 23. August 1813 diesen Kirchhof mit stürmender Hand nahmen, gewidmet vom Offizierkorps des Colbergschen Grenadier-Regiments Graf Gneisenau (2. Pom.) Nr. 9 1906

1913, zur Jahrhundertwende der Völkerschlacht bei Leipzig, ließ der Kreis Teltow im Zentrum von Großbeeren einen 32 m hohen Turm mit Gedenkhalle und Inschrift errichten:

Abb. 106c
Turm zum Gedenken an die Schlacht von Großbeeren

Abb. 106 c
Hier wurde am 23. 8. 1813 die französische Armee von den preußischen Truppen unter General von Bülow geschlagen.
Der Sieg bewahrte Berlin vor drohender französischer Besetzung

107. **Sperenberg** (TF),
südl. von Berlin, n.-östl. von Luckenwalde, nahe der B 101

Abb. 107
Erinnerungsstein für die Toten des Hellwig'schen Freikorps

Hier erinnert ein Granitblock mit Inschriften an die Schlacht von Großbeeren (vgl. Text zu Abb. 106).

Abb. 107
ZUR ERINNERUNG AN DIE RUHMREICHE ERHEBUNG PREUSSENS.
(Rückseite) *HIER SCHLUG AM 25. AUGUST 1813 MAJOR FR. v. HELLWIG MIT SEINEM FREIKORPS DIE FRANZÖSISCHE NACHHUT*
(seitlich) *VERGISS DIE TREUEN TOTEN NICHT AUS SPERENBERG STARBEN DEN HELDENTOD BEI LEIPZIG AM 18. OKTOBER 1813 MUSKT. KITZING MUSKT. BRUMM*

108. **Hagelberg** (PM),
zwischen Wiesenburg und Belzig, nahe der B 246

Am 27. August 1813, nach der Schlacht von Großbeeren, stand General Girard mit einem Teil seines Heeres von 16 000 Mann bei Belzig den Truppen Tschernitscheffs gegenüber. General Hirschfeld, ohne von der Position der russischen Abteilung Kenntnis zu haben, griff mit 11 500 Mann schlecht bewaffneter Landwehr das französische Lager bei Lübnitz an. Die französischen Soldaten flohen über Hagelberg bis hinter Klein Glien und formierten sich auf dem jetzigen Denkmalsberg. Die nachrückenden preußischen Bataillone wurden mit schwerem Geschützfeuer eingedeckt und zogen sich aufgelöst zurück. Da griff von d. Marwitz (vgl. Text zu Abb. 90) mit dem 3. Kurmärkischen Landwehr-Infanterieregiment (Lebuser Landwehr) ein und führte die Abteilungen zum Angriff. Die französischen Truppen drängte man im Dorf Hagelberg zusammen, und eine der fürchterlichsten Kolbenschlachten der Befreiungskriege, die »Kolbenschlacht von Hagelberg« begann. F. A. von d. Marwitz erinnert sich:

»Als aber einige handfeste Oderbrücher vom rechten Flügel die Unbequemlichkeit des Bajonetts inne wurden, kehrten sie das Gewehr um und begannen, durch mächtige Seitenhiebe mit der Kolbe immer drei oder vier Franzosengesichter auf einen Streich zu zerschmettern. Das Beispiel wirkte, alles griff zur Kolbe, und die hintersten liefen auf die Seiten der feindlichen Masse und keilten so dieselben immer enger gegen die Mauer.« (F. A. v. d. Marwitz, Nachlass S. 97). Girard zog sich mit 3 000 Mann nach Magdeburg zurück.

Zwei Denkmale erinnern an das Gefecht bei Hagelberg. Das eine (geschaffen von Meyer Pyritz) steht auf dem »Denkmalsberg« an der Straße zwischen Hagelberg und Lübnitz; es wurde 1849 in Anwesenheit Friedrich Wilhelms IV. eingeweiht. Ein Feldstein auf einem Podest trägt die Jahreszahl 1813. An der einen Seite des Podestes ist vermerkt: »27. August Gefecht bei Hagelberg«; auf der anderen Seite ist das Flachrelief von Carl Friedrich v. Hirschfeld angebracht.

Abb. 108
Carl Friedrich v. Hirschfeld

Das andere Denkmal, am Wege von Klein Glien in Richtung Hagelberg – nach 1945 errichtet, trägt die Inschrift: *»Zur Erinnerung an die deutsch-russische Waffenbrüderschaft im Gefecht bei Hagelberg am 27. August 1813.«*

109. **Dennewitz** (TF),
s.-westl. von Jüterbog, nahe der B 102

Am 5. September 1813 ließ Marschall Ney seine Generäle Bertrand, Reynier und Oudinot von Wittenberg aus mit 68 000 Mann in Richtung Jüterbog marschieren, um sich mit der kaiserlichen Armee, die aus der Gegend Luckau-Dahme kam, zu vereinigen. Beide Armeen sollten nach Berlin ziehen und die Hauptstadt besetzen. Bis dahin waren Berührungen mit der preußischen Nordarmee zu vermeiden und so versuchten die französischen Korps, östlich dieser Armee vorbeizumarschieren. Bernadotte hatte seine Truppen stark auseinander gezogen, General Tauentzien stand mit seinen Truppen zwischen Zahna und Seyda, das Korps von General Bülow hatte im Raum Marzahna-Wergzahna Aufstellung genommen. Die Russen und Schweden lagerten nicht weit von Rabenstein entfernt. Tauentzien wich unter dem Druck der französischen Truppen bis vor Jüterbog zurück und versuchte, zu Bülows Truppen eine Verbindung herzustellen. Parallel zum Vordringen der französischen Truppen war Bülow diesen mit seinem Korps gefolgt und nahm bei Eckmannsdorf Aufstellung. Die Russen und Schweden konzentrierten sich in der Zwischenzeit bei Lobbese.

Gegen 10.00 Uhr griff Bertrand nach Überschreiten der Aahe-Nuthe-Brücke bei Dennewitz und der anschließenden sumpfigen Niederungen Tauentzien an. Bülow ließ in Eile eine Division gegen die Flanke von Bertrand am so genannten späteren »Denkmalsberg« antreten und nahm nach schweren Kämpfen die Höhe ein. Reynier, bei Rohrbeck eingetroffen, schickte eine Division nach Dennewitz. Gölsdorf wurde von Sachsen besetzt Gegen diese trat Borstell mit seinen Divisionen an. Schweden und Russen rückten bis Eckmannsdorf vor. Gölsdorf konnte von den Preußen nicht genommen werden, diese erlitten große Verluste. Zu diesem Zeitpunkt beorderte Oudinot, strategisch falsch – jedoch auf Befehl Neys – sein Korps von Gölsdorf nach Dennewitz, welches die Preußen eingenommen hatten. Endlich entschloss sich Bernadotte, 4 000 Mann schwedischer und russischer Truppen nebst Artillerie in den Kampf zu schicken. Nach schweren Kämpfen konnte Gölsdorf den Sachsen entrissen werden. Die französische »Berlinarmee« war am Abend geschlagen. Ihre Reste – bestehend aus Franzosen, Bayern, Sachsen, Westfalen und Württembergern – flohen. Das Ziel, Berlin zu erobern, war innerhalb von 14 Tagen zweimal gescheitert.

Von dem französischen Heer mit 68 000 Soldaten konnten sich 32 000 retten. Die Preußen verloren von ihren 45 000 Soldaten 10 000 Mann. Mit dem Sieg von Großbeeren und der gewonnenen »Schlacht von Dennewitz« war das Ende der napoleonischen Vorherrschaft in Europa eingeleitet. Nach dem Wiener Kongress, 1815, verloren die »abtrünnigen« Sachsen große Gebietsanteile an Brandenburg, unter anderen die Gebiete um Jüterbog (Dennewitz, Gölsdorf u. a.) und Luckenwalde (vgl. Vorbemerkungen zu den Abb. 68–70).

Am 6. September 1817 wurde auf Befehl Friedrich Wilhelms III. auf dem so genannten Denkmalshügel von Niedergölsdorf ein 5,65 m hoher Eisenobelisk auf einem Sandsteinsockel nach einem Entwurf Schinkels eingeweiht. Er entspricht dem Denkmal auf dem alten Friedhof von Großbeeren mit analogem Text (vgl. Abb. 106b). Das Denkmal wird zur Zeit restauriert. Unterhalb dieses Denkmals steht ein von Schinkel entworfenes im neugotischen Stil erbautes Backsteingebäude, das teils Invaliden- teils Wächterhaus und halb Gedenkhalle war. 1897 wurde nördlich von Dennewitz der »Tauentziengedenkstein« eingeweiht. Er steht, umgesetzt, in der Nähe, wo Tauentzien folgende Worte seinen Soldaten zugerufen hatte:

»Ich werde eher mit meinem ganzen Korps auf dem Platze liegen bleiben, ehe ich einen Schritt weiche.«

Ebenfalls 1897 weihte man, in Gedenken an die württembergischen Soldaten – die meisten kämpften gegen ihren Willen unter französischer Fahne (vgl. Text zu Abb. 103) – ein Denkmal im Ortsgebiet von Dennewitz ein. Auf einer eingelassenen Tafelinschrift ist zu lesen: *Friede ernährt. Ehre dem Andenken tapferer Württemberger. Montag, den 6. Sept. Nachm. 4 Uhr.*

In **Wölmsdorf**, Richtung Niedergörsdorf, ließ am 6. September 1899 der Herzog von Anhalt nahe eines Massengrabes ein Denkmal aus behauenen Feldsteinen einweihen (o. Abb.). Die eingelassene Granittafel trägt die Inschrift:

Was dies Denkmal meldet Dir, Wandrer wollst daheim es melden, Auch auf Wölmsdorfs Feldern hier Starben siegreich deutsche Helden.

Abb. 109a
Gedenkkreuz

Am 6. September 1902 wurde auf dem Windmühlenberg bei Dennewitz ein von einem Eisenzaun eingerahmtes Gedenkkreuz in Erinnerung an 80 gefallene Soldaten des 4. Ostpreußischen Infanterieregiments errichtet.

Abb. 109a
Dennewitz den 6. Sept. 1813 Ruhestätte von 80 Helden

Auf einer am Eisenzaun befestigten Tafel steht:

»Dank hochherziger Stiftung errichtet zum Gedächtnis und Ruhm der am 6. 9. 1813 gefallenen Kameraden. Grenadier Regiment König Friedrich I. 4. Ostpreußisches No. 5 MDCCCCII.«

Auf der Rückseite ist zu lesen:

»Sturm des 4. ostpreuss. Inf. Reg.« Auf einer weiteren Tafel, darunter, steht:

»Der Gott, der Eisen wachsen ließ, der wollte keine Knechte.«

Ebenfalls 1902 wurde zwischen **Niedergörsdorf** und **Gölsdorf** – nahe der Bahn – das so genannte *»Artilleriedenkmal«* aufgestellt. 5 Stufen führen zu ihm hinauf. Unter dem steinernen Kreuz steht auf einer Tafel:

Abb. 109b
»Artilleriedenkmal«

Abb. 109b
EURER TATEN VERDIENST MELDET DER RÜHRENDE STEIN BATTERIE SPREUTH ½ BATT. BAUMGARTEN 6. SEPTEMBER 1813.

Darunter befinden sich drei eingelassene Kanonenkugeln und zwei gekreuzte Kano-

Abb. 109c
Eisensarkophag
für Ludwig
Alberthal

nenrohre. Auf einer weiteren Tafel liest man:

»Hier kämpften schwedische Artilleristen des Königlichen Artillerieregiments von Carl von Gardel geführt.«

An der Kirchhofsmauer von **Niedergörsdorf** errichtete man am 18. August einen weiteren Gedenkstein:

SCHUTZ BOT EINST UNSER KIRCHLEIN VÄTERN IN DROHENDER KRIEGSNOT 6. SEPTEMBER 1813 2–3 UHR DRUM ZUM GEDÄCHTNIS DIES MAL STIFTET DIE FREUNDLICHE HAND 1904 D. STEIN WIDM. DER KRIEGSVET. HÜFNER FRIEDR. MÜLLER

Vor der Kirche von Gölsdorf wurde am 18. September 1904 ebenfalls ein Erinne-rungsstein eingeweiht:

HEISS UMTOBTE DICH, FRIEDHOF, DIE MÄNNERMORDENDE FELDSCHLACHT. ROT RANN BRUDERBLUT, ACH, VON DER KIRCHE ALTAR. 6. SEPTEMBER 1813.

Abb. 109d
Bülow von
Dennewitz-
Denkmal

Ihm gegenüber auf dem Friedhof steht ein Eisensarkophag für einen gefallenen Rittmeister.

Abb. 109c
Franz Johann Ludwig Alberthal, geboren in Berlin, den 25. März 1778, folgte dem Ruf mit Gott für König und Vaterland als Rittmeister der 3. Schwadron des 4. Kurmärkischen Landwehr-Kavallerie-Regiments. Er starb den Heldentod in der Schlacht bei Dennewitz am 6. September 1813. Seiner irdischen Hülle ward hier ihre Ruhestätte.

Ebenfalls um die Jahrhundertwende stellte man dort, wo die Truppen von Ney noch einmal versuchten, die völlige Niederlage zu verhindern, einen Gedenkstein in **Rohrbeck** auf *»Blutig hob drüben er an und blutig ward hier er beendet, Bülows Dennewitzsieg. Nimmer vergiß es, mein Volk! 6. September 1813«.*

Am 6. September 1913 wurde das Bülow-Denkmal im Dorf **Dennewitz** eingeweiht. Auf einem Postament stehen zwei sturmbereite, den Feind beobachtende preußische Soldaten. Auf der Vorderseite des Postaments zeigt eine Reliefplatte »Graf Bülow von Dennewitz«, darunter in Stein gemeißelt vier Zeilen von Ernst Moritz Arndt:

Abb. 109d
Auf, mutig drein und nimmer bleich Denn Gott ist allenthalben! Die Freiheit und das Himmelreich gewinnen keine Halben. E. M. Arndt
Auf der Rückseite des Postaments:
Man drup, dat geiht fört Vaderland!

Am 6. Mai 1995 wurde zur 800-Jahrfeier von **Gölsdorf** an der Bockwindmühle ein weiterer Gedenkstein aufgestellt: *1813 zu Ehren des mutigen Kampfes des Uoffz. Friederike Krüger 1789–1848 im Colbergschen Rgm. gegen eine franz. Battr.*

Friederike Krüger nahm an den Schlachten von Großbeeren und Dennewitz teil. Man beförderte sie zum Unteroffizier und verlieh ihr das Eiserne Kreuz sowie den russischen St. Georgsorden. 1814/1815 kämpfte sie in Belgien, Holland und Frankreich. Ihr Grab befindet sich in **Templin**.

Abb. 109e
Grab von Friedericke Köhler

Abb. 109e
Hier ruhet in Gott die verehelichte Ober-Steuer-Controleur Sophie Dorethea Friedericke Köhler, geb. Krüger, geb. den 4. October 1789, gest. den 31. Mai 1848. Ritter obiger Orden. Gewidmet von ihren Kindern durch die Gnade des Königs.

Auf der Rückseite des Kreuzes sind Namen und Daten ihres Ehemannes festgehalten.

110. **Treuenbrietzen** (PM),
zw. Frohnsdorf u. Treuenbrietzen; entlang eines Forstweges südl. des Johanniter Krhs., der an einem Restaurant beginnt u. parallel zur Eisenbahn und der B 102 in Richtg. Jüterbog verläuft. Nach ca. 3 km stößt man auf den Stein

Nach der Schlacht von Dennewitz soll sich ein schwer verwundeter Landwehrmann bis zu einem Waldstück bei Treuenbrietzen geschleppt haben, wo er verstarb. Bei Forst-

Abb. 110
Erinnerungsstein für den unbekannten Landwehrmann

arbeiten im Frühjahr 1903 wurden an dieser Stelle Uniformreste gefunden. Ein Erinnerungsstein wurde errichtet, der nach 1945 abhanden kam. 1980 wurde ein neuer Stein an alter Stelle aufgestellt.

Abb. 110
UNBEKANNTER LANDWEHRMANN DER SCHLACHT BEI DENNEWITZ † SEPTEMBER 1813

Nach den Befreiungskriegen wurden weitere Erinnerungstafeln und Denkmale eingeweiht (vgl. Abb. 111–113a).

111. **Demerthin** (OPR),
n.-westl. von Kyritz, an der B 5

Im Schloss befindet sich eine Gedächtnistafel des Ritterschafts Directors von Klitzing, der an seine acht Söhne und die ihnen verliehenen Orden erinnert. Sie fochten alle gegen die Franzosen, sieben von ihnen in den Kriegen von 1806–1814:

Abb. 111
GEDÄCHTNISSTAFEL
DER 1811 VERSTORBENE RITTERSCHAFTS DIRECTOR HAT 8 SOEHNE HINTERLASSEN DIE DEM RUF IHRES GELIEBTEN KOENIGS FOLGTEN INDEM SIE ALLE GEGEN DIE FRANZOSEN FOCHTEN UND ORDEN ERHIELTEN
- *WILHELM 1794. ORDEN POUR LE MERITE.*
- *FRITZ 1806. 1813. 1814. EISERNE KREUZ 1. UND 2. KL. ANNENORDEN 2. KL. WLADEMIR 3. KL. UND ORDEN POUR LE MERITE.*
- *HANS 1806 JOHANNITERORDEN.*
- *LEBERECHT 1813. 1814. EISERNE KREUZ 2. KL. UND JOHANNITER.*
- *LOUIS 1813. 1814. EISERNE KREUZ 2. KL. WLADEMIR 3. KL. JOHANNITER UND RUSSISCHE MEDAILLE FUER DEN EINZUG IN PARIS.*

- *ERNST 1813. 1814. RITTER VOM SCHWERDT UND WLADEMIRORDEN UND RUSSISCHE MEDAILLE FUER DEN EINZUG IN PARIS.*
- *EMIL 1813. 1814. EISERNE KREUZ 2. KL. UND JOHANNITER.*
- *RUDOLPH 1813. 1814. 1815. EISERNE KREUZ 2. KL. WAR 2MAL BEIM EINZUG IN PARIS.*

Abb. 111
Erinnerungstafel im Schloss von Demerthin

112. **Fehrbellin** (OPR),
an der A 24

Neben der Kirche befindet sich ein 1914 aufgestelltes Kriegerdenkmal für die Jahre 1813–1815, nach einem Entwurf von Wiese. In einen Steinsockel sind zwei Bronzetafeln eingelassen.

Abb. 112
(untere Tafel)
Dem ehrenden Andenken der im Kriege 1813–1815 für Freiheit und Vaterland Gefallenen aus dem Havellande und der Grafschaft Ruppin, insbesondere dem Heinrich Bolte Leut. u. Reg. Adjt. i. 12. Res. Inf. Reg. (No 24) errichtet 1914.

Über dieser Tafel befindet sich ein Bronzerelief mit einer Kampfszene und einem Untertitel:
Unter den Augen des Prinzen Wilhelm v. Preussen fällt Leutnant Heinrich Bolte mit 89 Mann seines Bat. auf den Höhen von Paris bei le Rouvoy a. 30. März 1814. (H. Bolte war der Sohn des damaligen Superintendenten, d. Verf.).

Abb. 112
Kriegerdenkmal für die in den Jahren 1813–1815 Gefallenen

Die auf dem Denkmal angegebene Begebenheit bezieht sich auf die Erstürmung der mit feindlichen Geschützen besetzten Höhen von Belleville, St. Chaumont und Montmartre, einen Tag vor Einnahme der Stadt Paris.

113. **Diedersdorf** (MOL), östl. von Müncheberg, an der B 1

Auf dem Schlossplatz erinnert ein geschliffener Findling an die hundertjährige Wiederkehr der Befreiungskriege und an die Völkerschlacht von Leipzig:

Abb. 113
1813. 913 Nichts würdig ist die Nation, die nicht ihr Alles freudig setzt an ihre Ehre.

Abb. 113
Erinnerungsstein an die Befreiungskriege

Abb. 114
Erinnerungsstein an das Jahr 1813 und an Wilhelm II.

114. **Marienwerder** (BAR), nördl. von Bernau, an der B 167

Vor der Kirche ist in einen Sockel aus Kopfsteinen ein behauener Findling eingelassen, der zum einen auf die Erhebung Preußens und zum anderen an das Regierungsjubiläum von Kaiser Wilhelm II. hinweist:

Abb. 114
Zum Andenken an die 100jährige Wiederkehr der Erhebung Preussens 17. 3. 1813 und an das 25-jährige Regierungsjubiläum Kaiser Wilhelms II. gestiftet von den Vereinen und der Gemeinde Marienwerder.

In vielen Orten Brandenburgs finden sich ähnliche Erinnerungssteine (vgl. Abb. 84, 115, 148, 149, 150).

Denkmale aus der Zeit Friedrich Wilhelm IV. (1840–1861)

Abbildungen 115–124

In die Regierungszeit **Friedrich Wilhelms IV.** (1840–1861) fallen verhältnismäßig wenige Denkmale. Nahe Schiffmühle erinnert ein »Frühstücks-Platz« an den König (Abb. 115). Ein anderes Denkmal nimmt Bezug auf die Märzrevolution von 1848 (Abb. 116). Andere erinnern an die verstärkte Hege und Pflege des Waldes sowie an das waidgerechte Jagen (Abb. 117, 118, 119). Künstlern, Wissenschaftlern, Lehrern und Pastoren wurden ebenfalls in ihren Dörfern Denkmale gesetzt (Abb. 120–123). In Sabrodt erinnert ein Gedenkstein an den Forschungsreisenden L. Leichhardt (Abb. 124).

115. nahe **Schiffmühle** (MOL), an der B 158 gelegen

Es war üblich, als Zeichen der Ergebenheit und Ehrbezeugung, den brandenburgisch-preußischen Herrschern auch zu den nichtigsten Anlässen einen Gedenkstein zu setzen (vgl. Text zu Abb. 84, 144, 148, 149, 150)

Abb. 115
Frühstücks Platz SR. Majestät des Königs Friedrich Wilhelm IV am 23ten Januar 1841

Abb. 115
Erinnerungsstein an Friedrich Wilhelm IV.

116. **Babelsberg** (Potsdam), Schlosspark, Ufergrenzbereich, kl. Schloss (Gaststätte)

Mitte des 19. Jahrhunderts kam es überall in Europa zu Unruhen, 1847 in Italien, im Februar 1848 in Paris, im März in Baden, Schlesien und Sachsen. In Berlin kommt es zum so genannten »Barrikadenaufstand«. Nach Auflösung der Paulskirchenversammlung in Frankfurt a. M. folgten im Juni 1849 Aufstände in Baden, in der Pfalz, in Rastatt und anderen Orten, die ohne Erfolg blieben. Die stärksten Auseinandersetzungen gab es in Baden, wo 50 000 »Aufständische« gegen 70 000 Preußen, Bayern und Württemberger kämpften. Die letzten 6 000 Revolutionäre hatten sich in der Festung Rastatt verschanzt, sie mussten jedoch Ende Juni 1849 kapitulieren. Im Schlosspark Babelsberg steht ein »Bildstöckl«. Es ist ein Dankesgeschenk des Großherzogs von Baden. Die alte Steinsäule mit der Inschrift *»Hans Schnerf 1720«* stand auf der Höhe Muggensturm bei Bischweier nahe Rastatt, von der aus der Prinz von Preußen, dem zwei Armeekorps unterstanden, den Sturm auf die Festung Rastatt beobachtete.

Abb: 116
Bildstöckl

117. **Groß-Schönebeck** (BAR), an der B 109

Die Bemühungen um die Forstwirtschaft in Preußen setzte man fort. Während die Schüler der höheren Forstlaufbahn an der Forsthochschule in Eberswalde ausgebildet wurden (vgl. Text zu Abb. 61), zog man den Nachwuchs für den niederen Forstdienst in Einzelausbildung bei den Förstern und Oberförstern heran. Bereits Mitte des 19. Jhs. bestand durch die gewachsenen Bedürfnisse der Forstwirtschaft ein Mangel an einfachen Förstern, denn das Gehalt eines Försters, zum Beispiel in der Schorfheide, betrug neben einer Naturalentschädigung nur 200 Taler jährlich; es reichte nicht aus, um den Söhnen eine höhere Schulbildung einschließlich Unterkunft und Verpflegung zu ermöglichen.

Da die Eingaben der Fachleute bei der königlichen Regierung in Potsdam ohne Erfolg blieben, traten einige Revierförster der Schorfheide an den Schullehrer von Groß-Schönebeck, Carl Friedrich Kortenbeitel (1837–1887), heran und baten ihn um Hilfe. Kortenbeitel, der die Schule von Groß-Schönebeck und daneben noch eine private Präparandenanstalt leitete, willigte ein, eine Forstlehrlingsklasse in seiner privaten Ausbildungsstätte einzurichten. Es war ihm klar, was diese Einrichtung für ihn und für die wirtschaftliche Entwicklung der Gemeinde Groß-Schönebeck bedeuten könnte. Im Dezember 1877 legte Kortenbeitel in einer Denkschrift die Grundzüge für die *»Ausbildung der Anwärter zu den Försterstellen«* dar.

Die königliche Regierung stimmte den Ausarbeitungen Kortenbeitels zu. Man gestattete ihm ab Oktober 1878 das Betreiben einer Forstlehrlingsschule in Groß-Schönebeck. Am Anfang musste improvisiert werden; die ersten 47 Forsteleven fanden gegen Bezahlung Unterkunft bei Kossäten und Bauern. Der Unterricht fand in der Wohnung des Lehrers Kortenbeitel, in der Ortsschule oder in gemieteten Räumen von Gasthöfen statt. Der 1880 eingestellte Hilfslehrer Grothe entwickelte das so genannte »Groß-Schönebecker Modell«. 1881 eröffnete Kortenbeitel ein Schullehrer-Seminar, um Lehrer für zukünftige Forstschulen heranbilden zu können; es war das erste in Preußen. Bald warf man Kortenbeitel vor, sich in seinen Aktivitäten zu übernehmen. Seine Machtfülle wurde beschnitten. Die Forstschule ging in eine staatliche Einrichtung über, und ein neuer Lehrplan mit 18 Lehrfächern trat in Kraft. 1886 wurde ein Schul- und Internatsgebäude geschaffen und eine Hausordnung erlassen, deren erster Paragraph lautete:

»Im Schulort ist der Besuch von Wirtshäusern nur mit Genehmigung des Direktors gestattet. Wirtshäuser mit weiblicher Bedienung sind unbedingt zu meiden. Ebenso ist das Rauchen vormittags und in den Straßen des Schulortes nicht gestattet.«

Da die Groß-Schönebecker kein Bauland für eine neue Forstschule zur Verfügung stellten und die Forderungen von Pächtern immer höher wurden, verlor Groß-Schönebeck als zentraler Standort der Försterausbildung und als erste Preußische Forstschule seine Bedeutung. 1907 wurde in Spangenberg (Regierungsbezirk Kassel) eine neue Forstschule eingerichtet. Dem Lehrer Kortenbeitel setzte die Gemeinde Groß-Schönebeck auf dem Lindenplatz einen Gedenkstein.

Abb. 117
ZUM ANDENKEN IHREM LEHRER C. F. KORTENBEITEL
DIE DANKBARE GEMEINDE
Lit.: Suter, H.

Abb. 117
Gedenkstein für C. F. Kortenbeitel

118. **Lübbenau** (OSL),
an der A 13 und B 115

Im Schlosspark steht ein Gedenkstein mit zwei Bronzetafeln, die an »Hegewald« erinnern. Der Text auf der oberen Tafel unter dem Profilrelief eines Vorsteherhundes lautet:

Abb. 118
Gedenkstein für Hegewald

Abb. 118
*ZUM GEDENKEN AN FRHR. v. ZEDLITZ u. NEUKIRCH GENANNT – HEGEWALD – * NEUKIRCH/SCHLESIEN AM 24. 5. 1838 † HALLE/SAALE AM 8. 7. 1903 DEM FÖRDERER DES KONTINENT. VORSTEHERHUNDES UND DER NACH IHM BENANNTEN HEGEWALDZUCHTPRÜFUNG, DIE 1920 ERSTMALS IN LÜBBENAU STATTFAND. LÜBBENAU, DEN 3. 10. 1991 VEREIN DEUTSCH-DRAHTHAAR e. V. GRUPPE »NIEDERLAUSITZ«.*

(Untere Tafel) *GELÖBNIS DER JÜNGER HEGEWALDS. WIR WOLLEN ALLZEIT WAIDGERECHTE JÄGER SEIN UND BLEIBEN. WIR WOLLEN IN LIEBE UND TREUE IMMER ZUR DEUTSCHEN HEIMAT STEHEN. UNSEREN VIERLÄUFIGEN FREUND, DEN DEUTSCHEN JAGDGEBRAUCHSHUND, WOLLEN WIR IN UNERMÜDLICHER ARBEIT FÖRDERN, HEGEN UND PFLEGEN, ALS UNENTBEHRLICHEN HELFER WAIDGERECHTEN JAGENS. WIR WOLLEN IMMER WAIDWERKEN IM SINNE UND GEISTE HEGEWALDS.*

119. **Glashütte** (TF),
s.-östl. von Baruth, nahe der B 96

Hier wird eines Hegemeisters gedacht. Unter einer 500 Jahre alten Eiche setzte man ihm einen Erinnerungsstein.

Abb. 119
Dem Andenken des Hegemeisters Ernst Bosdorf, der von 1857–1933 drei Vorfahren und mir in guten und bösen Tagen in

unveränderlicher Treue diente. Friedrich Fürst zu Solms Baruth.

120. **Alt Ruppin** (OPR), östl. von Neuruppin, an der B 167, nahe der A 24

Abb. 119 Gedenkkreuz für den Hegemeister Bosdorf

Seit dem 29. August 1897 steht auf einem Granitsockel die Bronzebüste des Komponisten Ferdinand Möhring (1816–1887), geschaffen von dem Neuruppiner Bildhauer Ferdinand Ackermann.

Nach abgeschlossener Gewerbeschul-Ausbildung ging Möhring zu einem Zimmermann in die Lehre, trat aber heimlich in das »Institut für Kirchenmusik« ein. 1835 wurde seine erste Motette aufgeführt. Möhring, Mitglied der musikalischen Abteilung der Akademie der Künste, komponierte Symphonien, Streichquartette, Klavierkonzerte und Instrumentalsätze. Seine erste Anstellung erhielt er 1840 in Saarbrücken als Organist und Leiter des Gesangvereins. 1850 kehrte er nach Alt Ruppin zurück, da er für Vater und Geschwister sorgen musste und nahm in Neuruppin die Stelle eines Organisten und Gymnasialgesanglehrers an. Der größte Teil seiner schöpferischen Tätigkeit fiel in die Neuruppiner Zeit. Von seinen Kompositionen ragen vor allem die für Männerchöre hervor, was ihm den Ruf als »Klassiker des Männerchores« einbrachte. Daneben schuf er Einzellieder, Lieder für gemischte Chöre, Frauenchöre und für Singstimme mit Klavier. 1874 zog er von Neuruppin nach Wiesbaden und widmete sich nur noch dem Komponieren. Hohe Ehrungen wurden ihm zuteil. Der »Möhringchor« in Neuruppin setzt seine Tradition fort.

Abb. 120 Ferdinand Möhring

Lit.: Blume, Fr.

Vorbemerkungen zu den Abbildungen 121–123

Die Lehrer in den Dörfern Brandenburgs übten häufig neben ihrem Hauptamt auch den Beruf des Kantors aus; oft waren sie zugleich Heimatforscher beziehungsweise Dichter und bildeten mit dem Pfarrer den geistigen Mittelpunkt der Ortschaft. Darüber hinaus waren sie für die Dorfgemeinde Vermittler der neuesten landwirtschaftlichen Erkenntnisse und tatkräftige Berater. Aus Dank wurden ihnen von den Gemeinden Büsten, Gedenktafeln und -steine gesetzt. Über das Wirken dieser Menschen ist heute nur noch wenig bekannt.

121. **Joachimsthal** (BAR),
nördl. von Eberswalde, an der B 198, westl. der A 11

Abb. 121
Büste des Dichters Ferdinand Brunold

In der Rosengasse befindet sich auf einem Granitsockel die von Walger entworfene Büste des Dichters F. Brunold, für deren Aufstellung (1899) sich noch Th. Fontane eingesetzt hatte.

Abb. 121
DEM MÄRKISCHEN DICHTER F. BRUNOLD 1811–1894
Rosen blühen auf dem Heidegrab (Zeile aus einem seiner Gedichte, a. d. Rückseite des Sockels, d. Verf.)

F. Brunold hieß mit bürgerlichem Namen August Ferdinand Meyer. Von 1824–1834 war er Lehrer an einer Privatschule in Berlin und verkehrte mit den Mitgliedern des »Berliner Dichtervereins«. Von Berlin aus ging er nach Stettin, wo er die Bekanntschaft des Balladenkomponisten Carl Loewe und des Dichters Ludwig Giesebrecht machte. Im Anschluss siedelte Brunold nach Joachimsthal über und war dort bis 1879 als Lehrer, Dichter und Schriftsteller tätig. Seine Heimatromane, Kinderlieder und Gedichte machten ihn über Deutschland hinaus bekannt. Er schrieb für Zeitungen und Zeitschriften und war Mitbegründer der Zeitschrift für märkische Geschichte *»Der Bär«* sowie seit 1853 Mitarbeiter der *»Gartenlaube«*. Brunold gehörte mit zu den Initiatoren des 1879 am Werbellinsee errichteten Aussichtsturms (vgl. Text zu Abb. 6) und gab anlässlich dessen Einweihung eine Festschrift *»Die Askanierburg Werbellin, ein Beitrag zur Geschichte der Mark«* heraus. Viele seiner Gedichte wurden vertont, so auch das Gedicht *»Das Grab auf der Heide«* (Melodie von Wilhelm Heiser), das, wie der Verleger zu berichten wusste, in 33 000 Exemplaren in alle Welt ging. Insgesamt sind über 100 Gedichte, u. a. auch von C. Loewe, F. Möhring (vgl. Text zu Abb. 118) und W. Heiser, vertont. Die Gedichte *»Friedrich II.«* und *»Fährmann hol' über«* waren in fast jedem Schullesebuch zu finden. Auf einer Tafel, die an der Grabumzäunung auf dem Joachimsthaler Friedhof befestigt ist, stehen die Worte: *»Geht leise über meines Grabes Flur, ich schlafe nur. Brunold.«*

Lit.: Scharlipp, A., in »Die Provinz Brandenburg in Wort und Bild«, Bd. 1, S. 276–278, mit Gedichtbeispielen.

122. **Kloster Zinna** (TF),
zwischen Luckenwalde und Jüterbog, an der B 101

Um 1850 unterrichteten ein Rektor, ein Kantor und der Junglehrer Wegener etwa 430 Schulkinder im ehemaligen Armenhaus des Ortes Kloster Zinna. Rektor und Kantor waren jeder über 70 Jahre alt und amtsmüde. Der Schulvorstand beschwerte sich 1850 schriftlich beim Magistrat über sie: *»... Die beiden alten, schwachen und hinfälligen Greise befinden sich immer noch im Amt. Sie erscheinen in ihren Pelzen und langen Pfeifen rauchend in der Klasse, geben einige Aufgaben und entfernen sich dann wieder ruhig ... Wenn die Schule beendet ist, gehen sie in die Klasse zurück und entlassen die Kinder, ob sie was gelernt haben oder nicht. Es fehlt ihnen die Liebe zu ihrem Amt ... Wie anders treibt es doch der junge Lehrer Wegener, woran sie sich ein Beispiel nehmen mögen ...«*

Wegener hatte täglich 150–160 Schüler zu unterrichten. Die Eltern wollten ihre Kinder nur noch in seine Klassen schicken. Nach dem zwangsweisen Ruhestand seiner beiden Kollegen übernahm Wegener die Leitung der Schu-

Abb. 122
Gedenkstein für
Eduard Wegener

le und wurde zugleich Chormeister des Männergesangvereins »Eichenkranz«. Als er am 30. Mai 1913 starb, war er über 54 Jahre in Kloster Zinna als Lehrer tätig. Bei der Einweihung des Denkmals für Wegener im Jahre 1926 wurden vor allem seine »meisterliche Art des Unterrichts« und sein »ausgeprägtes Pflichtgefühl« gewürdigt. Drei Generationen hatte er unterrichtet. Das Denkmal für ihn ist in einem Torbogen am alten Schulhaus aufgestellt. Ein Granitfindling trägt die bronzene Reliefbüste Wegeners und eine Inschrift.

Abb. 122
Herrn Hauptschullehrer Eduard Wegener zum 100-jährigen Geburtstag gewidmet von seinen dankbaren Schülern Kloster Zinna, den 25. September 1926

Lit.: Auszug aus dem Manuskript »Erinnerungen an das Schulwesen vergangener Zeiten« von I. Stötzer u. I. Rosenzweig, Kloster Zinna

In **Stolpe** (OHV, nördl. an Berlin grenzend, östl. der A 111) wird ebenfalls eines Lehrers gedacht, dem eine Gedenktafel am alten Schulhaus gewidmet ist: *Hier lebte und wirkte von 1855–1896 Wilhelm Lahn, Lehrer - Kantor - Dichter.*

Durch sein Buch *»Noch einmal seh' ich alles wieder. Erinnerungen eines Fünfundsiebzigjährigen«* (Potsdam, 1906) wurde er über seinen Wirkungskreis hinaus bekannt. In »Provinz Brandenburg in Wort und Bild«, Bd. 2, S. 29–35, ist eine von ihm aufbewahrte *»Richtepredigt«* (beim Richten der Häuser) wiedergegeben.

123. **Schöneiche** (LOS),
s.-östl. von Berlin

In Schöneiche (Kleinschönebeck) hat die Gemeinde einem ihrer Pfarrer, Raimund Dapp, einen Gedenkstein gesetzt:

Abb. 123
Raimund Dapp 1778 Prediger zu Kleinschönebeck. 1819
H. Walter Graf v. d. Heyd

Während der französischen Besetzung versuchte Dapp, die Dorfbewohner so weit wie möglich vor Drangsalierungen zu bewahren. Er gründete eine Arbeitsschule (Industrieschule) und machte den kostenlosen Schulbesuch möglich. Dort erhielten die Kleinschönebecker Jugendlichen eine schulische und gleichzeitig berufliche Ausbildung in der Spinnerei, der Strickerei und im Gartenbau. In der Landwirtschaft führte er moderne Formen des Ackerbaus ein, ließ Maulbeerbäume anpflanzen und begann mit der Seidenraupenzucht (vgl. Text zu Abb. 86).

Abb. 123
Gedenkstein für Raimund Dapp

124. **Sabrodt** (LOS),
b. Trebatsch, zwischen Lübben und Beeskow, an der B 87

Ludwig Leichardt, Sohn eines Torfinspektors, besuchte das Gymnasium in Cottbus und studierte an den Universitäten in Göttingen und Berlin Philologie und Naturwissenschaften. Nach seiner Promotion begleitete er William Micholson aus Clifton, der ihm zum Teil sein Studium finanzierte, durch Frankreich, Italien und England. 1841 stach Leichhardt in See und segelte nach Sydney. Dort führte er kleine Exkursionen und geologische Untersuchungen durch. Er durchstreifte die damalige Kolonie von Newcastle bis Widebai (Name heute nicht mehr gebräuchlich). Im August 1844 reiste er von der Moretonbai an der Ostküste bei Brisbane nach Port Essington am Van-Diemen-Golf (Nordküste). Von seiner Durchquerung des australischen Kontinents kamen er, die Träger und die Helfer nicht zurück. Vorbilder für seine Reisen waren Fürst Hermann Pückler aus Muskau und Alexander von Humboldt. Sein *»Journal of an Overland Expedition ...«* (1847) erschien 1851 in deutscher Sprache als *»Tagebuch einer Landreise in Australien«*. Die »Geographische Gesellschaft zu Berlin« hat ihm eine kurze Würdigung zukommen lassen. In Sabrodt ist ein Findling mit einer Bronzetafel aufgestellt.

Abb. 124
*Ludwig Leichhardt * 23. 10. 1813 in Sabrodt Verschollen auf seiner 3. Forschungsreise durch Australien 1848*

Abb. 124
Gedenkstein für Ludwig Leichhardt

Denkmale aus der Zeit Wilhelms I. (1861–1888)

Abbildungen 125–147

Wilhelm I. (1861–1888) berief 1862 Otto von Bismarck zum Ministerpräsidenten, um innenpolitische Spannungen zu lösen. Bereits von 1848–1850 hatten die Herzogtümer Schleswig und Holstein vergeblich versucht, sich aus der Abhängigkeit von Dänemark zu befreien. 1864 führten Preußen und Österreich Krieg gegen Dänemark (Abb. 125). Nach dem Sieg erhielten Österreich das Herzogtum Holstein, Preußen das Herzogtum Schleswig und Lauenburg. Es folgte die Kriegserklärung Preußens an Österreich. In der Schlacht bei Königgrätz (1866 in Böhmen) schlugen die Preußen das österreichische Heer vernichtend (Abb. 126). Österreich besaß danach in Deutschland keine Hoheitsgebiete mehr. Der Norddeutsche Bund wurde gebildet. Napoleon III. versuchte, Verbündete gegen Preußen zu gewinnen, um dessen territoriale Vergrößerung in den Süden Deutschlands hinein zu verhindern und verhandelte mit Österreich bezüglich eines Militärbündnisses. 1870 erzwang Frankreich einen Verzicht der Kandidatur des Erbprinzen Leopold Hohenzollern-Sigmaringen auf den spanischen Thron. Als Napoleon III. von Preußen eine Garantie verlangte, dass es auch künftig auf diese Kandidatur verzichten würde, lehnte der in Ems weilende Wilhelm I. ab (Emser Depesche). Frankreich erklärte Preußen am 19. 7. 1870 den Krieg und verlor ihn 1871 (Abb. 127–130). Nach dem Deutsch-Dänischen und dem Deutsch-Französischen Krieg wurden Friedenseichen gepflanzt (Abb. 131, 132).

König Wilhelm I. wurde Deutscher Kaiser, das Deutsche Reich ist gegründet (Abb. 133), Bismarck wurde Reichskanzler (Abb. 134–137). 1884 wird Preußen Kolonialmacht (Abb. 138 und zur Familie Burgsdorff gehörig die Abb. 139, 140). Bahnbrechende Erfindungen beziehungsweise Entdeckungen bestimmten in starkem Maße die Weiterentwicklung Preußens.

Justus von Liebig (1803–1873) legte mit seiner Erfindung des Kunstdüngers den Grundstein für die Agrochemie. Otto Unverdorben entdeckte das Anilin

(Abb. 141). Die Aufzählung einiger Wissenschaftler beschränkt sich nur auf die in der Mark Brandenburg tätigen. Otto v. Lilienthal führte zwischen 1893 und 1896 seine berühmten Flugversuche durch (Abb. 142). Nach den Regeln der freien Marktwirtschaft des Adam Smith florierten nach den »Gründerjahren« Unternehmen und Gewerbe. Eine großbürgerliche Schicht konnte sich entwickeln (Abb. 143, 144). Auch die Medizin machte große Fortschritte (Abb. 146). Dichter wirkten in den verschiedensten Orten Brandenburgs (Abb. 145). Mitglieder von Dichterzirkeln trafen sich in Berlin und Erkner (Abb. 147).

125. **Luckenwalde** (TF),
an der B 101

In Erinnerung an die Gefallenen des Deutsch-Dänischen und des Deutsch-Österreichischen Krieges wurden in vielen Orten Brandenburgs Denkmäler errichtet. Sie tragen neben Namen und Jahreszahlen häufig die Portraitmedaillons der Herrscher und Feldherren.

Abb. 125a
Obelisk für die im Deutsch-Dänischen Krieg Gefallenen

In Luckenwalde steht auf einem Postament ein Obelisk mit einem Eichenlaubkranz und den Worten *»Unseren tapferen Kriegern 1864«;* die Gefallenen sind namentlich aufgeführt.

Abb. 125a
Den für Schleswig-Holstein gefallenen Kriegern 1848 Wilhelm Haberland 1864 Wilhelm Grimm Albert Böttcher zum bleibenden Gedächtnis gewidmet von ihren Mitbürgern 1865

Einmalig für Brandenburg sind die unter der Inschrift in einen Kreis eingefassten Initialen von Wilhelm I. mit der Königskrone und von Kaiser Franz Joseph (1830–1916) mit der Kaiserkrone (einzige Erwähnung von Kaiser Franz Joseph auf einem Denkmal in Brandenburg). Auf vier Seiten befinden sich Porträtmedaillions, das vom Kronprinz Friedrich, Wilhelm (Friedrich III.) ohne Abb.

Abb. 125b
Initialen: W F J

Abb. 125c
Prinz Friedrich Carl

Abb. 125d
Wilhelm I.

Abb. 125e
Helmuth von Moltke

(Helmuth von Moltke [1800–1891] war von 1857 bis 1888 Chef des Generalstabes der Preußischen Armee).

Eine Vielzahl von Denkmälern bezieht sich auf den Deutsch-Österreichischen und gleichzeitig auf den Deutsch-Französischen Krieg.

126. **Frankenförde** (TF), westl. von Luckenwalde, nahe der B 101

Abb. 126
Kriegerdenkmal in Frankenförde mit den Namen der Gefallenen der Kriege

Abb. 126
Kriegerdenkmal in Frankenförde

Vorbemerkungen zu den Abbildungen 127, 128

Die Denkmale der Jahre 1870/1871 bestehen fast alle aus einem Postament, auf dem sich ein Obelisk, mehrheitlich jedoch eine Säule mit einem korinthischen beziehungsweise dorischen Kapitell oder Mischformen davon, befindet, bekrönt mit einem Reichsadler oder einer lorbeerbekrönten Victoria, einen Palmzweig in der Hand haltend.

127. **Biesenthal** (BAR),
n.-östl. von Bernau, an der B 2, östl. der A 11

Abb. 127 Kriegerdenkmal in Biesenthal für den Krieg 1870/1871

Die Gemeinde verlor 12 Krieger in den Schlachten bei Gravelotte, Pont-à-Mousson, Mars la Tour, Mitry, Vionville, Nancy, Spichern, Aachen (Denkmal geschaffen von Carl Minx, Neustadt).

Ein Denkmal in **Doberlug-Kirchhain** (EE, südl. von Luckau, westl. von Finsterwalde), 1887 von der Gemeinde gestiftet, ähnelt dem in Biesenthal. In den vier Seiten des Postaments sind die Namen und Daten der Schlachten eingelassen. Von den ehemals vier Reliefportraits sind drei – das von Wilhelm I., von H. v. Moltke (vgl. Text zu Abb. 125) und von A. Roon – erhalten.

(A. Roon [1803–1879] studierte Geographie und schrieb 1834 die »*Erd-, Völker- und Staatenkunde*«; 1858 folgte die Gedenkschrift zur »*Vaterländischen Heeresverfassung*«. Von 1859 bis 1873 war er Kriegs-, von 1861 bis 1871 auch Marineminister.)

128. **Treuenbrietzen** (PM),
an der B 2

Das Denkmal für den Krieg von 1870/1871 zeigt eine auf einer dorischen Säule stehende, lorbeerbekrönte Victoria, einen Palmzweig in der Hand haltend. Das Postament ist stark verwittert und beschmiert, die Inschriften kaum lesbar. Auf drei Seiten stehen Namen von Schlachten und gefallenen Soldaten. Nur eine Inschrift ist noch leidlich zu entziffern.

Abb. 128
Leuchtet ihr Namen der Theuren, ein Trost dem Auge der Liebe glänzet, der Jugend ein Ziel. Dass sie euch gleichet an Ruhm.

Abb. 128
Victoriasäule

129. **Letschin** (MOL),
s.-östl. von Wriezen und östl. von Neuhardenberg

Hier wurde nach 1945 kurzerhand ein Kriegerdenkmal, das an die Zeit des Deutsch-Dänischen und des Deutsch-Französischen Krieges erinnerte, umfunktioniert. Die alten Gedenktafeln und Portraitmedaillons sind abmontiert, wie an einer Seite des Obelisken die kreisförmige Aufhellung zeigt. Auf den Seiten des mittleren Postaments wurden neue Tafeln angebracht; die eine zeigt eine Friedenstaube, auf zwei anderen befinden sich Inschriften.

Abb. 129
Kriegerdenkmal in Letschin

Abb. 129
Der Kampf der Völker gegen Imperialismus und Krieg ist Garant des Friedens.

Die Opfer der Kriege mahnen: 1864–1866 – 6 Gefallene, 1870–1871 – 12 Gefallene, 1914–1918 – 57 Gefallene, 1939–1945 mehr als 180 Gefallene.

130. **Dahmsdorf** (MOL),
n.-westl. von Müncheberg, nahe der B 1 u. B 5

Ein besonders aufwendig gestaltetes Denkmal, das an die Kriege 1864, 1866 und 1870/ 1871 erinnert, ließ 1875 Prinz Friedrich Carl von Preußen an der Stelle bei Dahmsdorf

Abb. 130a
Zerstörtes Lebuser Ehrenmal

setzen, wo 1863 nach einer Übung seines III. Armeekorps ein Feldgottesdienst stattfand. Zwischen Münchehofe und Dahmsdorf führt die Münchehofer Straße entlang der einspurigen Bahnstrecke Richtung Sieversdorf nach ca. 1 km zu einer langgezogenen, zerfallenen Treppe, die von einer Ahornallee eingefasst ist und zu dem nach 1945 zerstörten, auf einer Anhöhe gelegenen Denkmal führt, dessen Fundamente und Granitsockel noch teilweise erhalten sind.

Früher erhob sich auf dem quadratischen Unterbau ein Granitsockel mit einer Victoria (nach Rauch gestaltet). Am Unterbau befanden sich auf eingelassenen Tafeln die Inschriften (Abb. 130b):

»An dieser Stelle hielt das III. Armeekorps bei Gelegenheit der Königsrevue bei Lebus Sonntag den 20. September 1863 den Feldgottesdienst in Gegenwart Sr. Majestät König Wilhelm I. ab.« Die Namen der vom III. Armeekorps in den drei Kriegen 1864, 1866 und 1870/1871 Gefallenen waren aufgeführt.)

Abb. 130b
Lebuser Ehrenmal

An den Seiten des Granitsockels die Inschriften:

»Zum ehrenden Gedächtnis sein kommandierender General in den Jahren 1860/71 der General-Feldmarschall Friedrich Karl, Prinz von Preußen. Errichtet 1873.«

– »Ohne Lebus kein Düppel – Ohne Düppel kein Königgrätz
– Ohne Königgrätz kein Vionville.«

– »Den Toten zum Gedächtnis
– Den Lebenden zur Anerkennung
– Den folgenden Geschlechtern zur Nacheiferung. 4. Ps. 115.1. Nicht uns, Herr, nicht uns, sondern deinem Namen gib Ehre.«

131. **Legde** (PR), westl. von Havelberg

Eine ganz andere Art, an den Krieg zu erinnern, stellen die vielen gepflanzten Eichen – so genannte »Friedenseichen«

– dar, an deren Fuß Gedenksteine aus Granit- oder Sandstein mit der Inschrift »Friedenseiche« unter Angabe des Kriegsjahres aufgestellt sind, wie das Beispiel in Legde zeigt, wo vor dem Quitzow-Denkmal (vgl. Text zu Abb. 11) rechts- und linksseitig jeweils neben einer Eiche ein Gedenk- bzw. »Friedensstein« steht. Die Inschriften lauten: *»1864«* und *»1870/1871«*

Abb. 131
Friedenseichen und Friedenssteine in Legde

132. **Lanz** (PR),
n.-westl. von Wittenberge, an der B 195

In diesem Ort (vgl. Text zu Abb. 97) forderte Fr. L. Jahn unter einer Eiche (die heute ein Hinweisschild trägt) die Jugend zum Kampf gegen Napoleon auf.

Abb. 132
»An dieser Stelle rief Fr. L.Jahn 1813 die Jugend von Lanz und Umgebung gegen die napoleonische Fremdherrschaft auf.«

Jahn soll das Symbol der Eiche wieder in das Bewusstsein der damaligen Zeit hinein-getragen haben. Die Eichen sind seit indogermanischer Zeit (auch in Indien) heilige Bäume und Eichenhaine waren Kultstätten. Die Germanen betrachteten die Eiche als den heiligen Baum des Gottes Donar (Thor). Sie gilt als Sinnbild der Stärke, der Standhaftigkeit, der Treue und des Sieges. Doch darf angenommen werden, dass die Bezeichnung »Friedenseiche« sich auf die Freude über die Wiederherstellung und die Mahnung für den Erhalt des Friedens bezieht.

Abb. 132
Friedenseiche in Lanz

133. **Spremberg** (SPN),
südl. von Cottbus, an der B 97 und B 156

Abb. 133
»Mittelpunkt vom Deutschen Reiche. Nach dem berühmten Geographen Matzat.«

Abb. 133 Geographischer Mittelpunkt des Deutschen Reiches

In der Mittelstraße/Ecke Gartenstraße steht ein Stein, der den geographischen Mittelpunkt des Deutschen Reiches in den Grenzen von 1870/1871, d. h. in seiner größten Ausdehnung, anzeigt. Der Originalstein, der ursprünglich 40 m weiter in der Mittelstraße stand, wurde 1946 zerstört. Seine Überreste befinden sich im Museum Spremberg. Es war der Geograph Heinrich Matzat (1846–1908) aus Weilburg an der Lahn, der damals den geographischen Mittelpunkt des Reiches bestimmte.

Vorbemerkungen zu den Abbildungen 134–137

Otto von Bismarck-Schönhausen (1815–1898), seit 1865 Graf, seit 1871 Fürst, besuchte in Berlin das Graue Kloster und studierte anschließend in Göttingen Jura. 1839 zog er sich aus der Beamtenlaufbahn zurück und betätigte sich als Landwirt auf seinen Gütern. 1845 wurde er Abgeordneter im sächsischen Provinziallandtag und verteidigte die Vormachtstellung des Land besitzenden Adels. Die Erlebnisse der Revolution (1848) waren für sein weiteres Verhalten ausschlaggebend. Er wurde Gründer der *»Kreuzzeitung«* und der konservativen Partei, Mitglied in der Zweiten Preußischen Kammer, von 1851 bis 1859 Vertreter Preußens in Frankfurt a. M., Gesandter am Zarenhof und in Paris (1862). In einer Krisenzeit des Gegensatzes zwischen Krone und liberaler Parlamentsmehrheit berief man ihn zum Ministerpräsidenten. 1870/1871 erfolgte die Gründung des Deutschen Reiches unter Federführung Bismarcks. Die Reichsverfassung, an der er großen Anteil hatte, trat in Kraft. 1871 bis 1890 war er Reichskanzler, Ministerpräsident und Außenminister in einer Person. 1880 übernahm er zusätzlich das preußische Ministerium für Handel und Gewerbe. Das Sozialversicherungssystem wurde eingeführt. Bismarcks außenpolitisches Streben – Bündnissysteme und Rückversicherungsvertrag – galt der Sicherung und dem Erhalt des Erreichten sowie dem Bewahren eines Gleichgewichtes unter den europäischen Mächten, stets im Hinblick auf einen eventuell drohenden Zweifrontenkrieg.

Bereits vor, überwiegend jedoch nach des *»Eisernen Kanzlers«* Tod, setzte der Bau von Bismarcktürmen ein, der sich bis zum Ersten Weltkrieg zu einem wahren Boom steigerte. Hunderte dieser Türme zählt man im In- und Ausland. Für Brandenburg werden drei dieser Türme exemplarisch vorgestellt.

Abb. 134
Bismarckturm

134. **Bad Freienwalde** (MOL),
an der Kreuzung der B 167 und B 158

In den Tobbenbergen an der Gemarkungsgrenze zu Bad Freienwalde entstand – in einer Bauzeit von nur 5 Monaten – 1895 der erste Bismarckturm in Deutschland. Das Fundament besteht aus Feldsteinen, die man den Ruinen der nur wenige Meter entfernten Burg Malchow – die aus dem 12./13. Jh. stammt – entnahm. Der 26 m hohe Turm besteht aus Ziegelmauerwerk und gestattet eine einzigartige Sicht über das Oderland.

135, 136. **Spremberg** (SPN),
südl. von Cottbus, an der B 97 und B 156

Im Jahre 1901 beschäftigte sich der Verschönerungsverein von Spremberg mit dem Bau eines Bismarckturms, der am 1. April 1903 anlässlich Bismarcks 88. Geburtstages fertiggestellt und eingeweiht wurde. Der Verein setzte sich für diese – und sicherlich auch andere Taten – 1905 einen Gedenkstein, den so genannten *»Germaniastein«*.

(Verschönerungsvereine waren zu jener Zeit überall in Brandenburg, zum Beispiel in Friesack (HVL), tätig. Auch heutzutage werden in Brandenburg Wettbewerbe »Unser Dorf soll schöner werden« ausgeschrieben.)

Abb. 135
»Germaniastein 1905«
»Dem Verschönerungs=Verein vom M. G. V. Germania Spremberg.«

Abb. 135
Germaniastein

Abb. 136
Bismarckturm

Am Rande Sprembergs, auf einer Anhöhe von 140 m über NN, steht der 23 m hohe Bismarckturm aus Ziegelmauerwerk mit Naturquaderverblendung. Er entstand in einer Bauzeit von 12 Monaten, die Kosten betrugen 12 000 RM. Der Architekt war Johannes Römmler, Berlin. Eine Inschrift führt um den Turm:

Abb. 136
»Wir Deutsche fürchten Gott, sonst nichts auf der Welt.«

Abb. 137
Bismarckturm

137. **Burg** (SPN),
auf d. Weg von Burg-Kauper nach Gyhleguhre, östl. von Lübbenau

Nahe Burg steht auf einer Anhöhe ein in den Jahren 1915 bis 1917 errichteter 28 m hoher Bismarckturm aus Ziegelmauerwerk, nach einem Entwurf Möhrings. Der nicht mehr vorhandene Bismarckkopf stammte von Hosaeus.
Weitere Bismarcktürme in Brandenburg stehen auf dem Hohen Timpberg (93 m) zwischen **Zehdenick** (OHV) und **Bergsdorf** (OHV), 1900 von W. Kreis aus Dresden erbaut und seit 1905 bei **Pritzwalk** (PR), südlich des Bahnhofs, auf dem 86 m hohen Trappenberge.

138., 139. **Hohenjesar** (MOL),
n.-westl. von Frankfurt (O.), westl. von Lebus, nahe der B 167

Lüderitz hatte in Südwest-Afrika Land erworben. Bismarck telegrafierte am 24. April 1884 dem deutschen Konsul in Kapstadt, dass dieses Gebiet mit englischem Einvernehmen unter deutscher »Protection« stehe, d. h. unter direktem Schutz seiner Majestät des Kaisers. Eine Schutztruppe wurde aufgestellt und nach Süd-West geschickt, um Händler und Siedler zu schützen sowie deutsche Interessen zu vertreten. Diese Schutztruppe wurde bald in Auseinandersetzungen und Aufstände von Hottentotten und Hereros hineingezogen. Ein Soldatengrab auf dem ungepflegten Friedhof von Hohenjesar erinnert daran.

Abb. 138
Hier ruhet in Gott mein geliebter Gatte, der kaiserl. Bezirksamtmann von Gibeon, Hauptmann d. R. im 3. G. Rgt z. F. Henning von Burgsdorff geb. 19. Februar 1867 gefallen 4. Oktober 1904 zu Marienthal Deutsch-Südwest-Afrika

Abb. 138
Grabstein für Henning v. Burgsdorff

Über die Geschichte seines Todes berichtet O. v. Weber (S.151):

»Beim Ausbruch des Hereroaufstandes im Januar 1904 unterstützte Hendrik (Hendrik Witbooi, Führer der Hottentotten, d. Verf.) *die Deutschen durch Entsendung einer Hilfstruppe. Leutwein* (Gouverneur von Südwest, d. Verf.) *und Bezirksamtmann von Burgsdorff in Gibeon waren deshalb völlig davon überzeugt, daß Hendrik den Hereros nicht helfen würde. Um so überraschter war Burgsdorff, als er am 3. Oktober 1904 von Hendrik einen Brief empfing, worin er ihm die Treue aufsagte. Dabei war bei der deutschen Truppe im Hereroland noch die Hilfstruppe der Witboois. Hendrik aber sagte: ›Das Schicksal meiner Leute ist mir ganz gleich. Ich habe von Gott einen anderen Auftrag empfangen.‹*

Abb. 139
Begräbnisstätte der Familie von Burgsdorff

Von Burgsdorff machte noch einen letzten Versuch. Mit den 2 Witbooi, die den Brief Hendriks überbracht hatten, ritt er unbewaffnet nach Rietmond. Er kam bis Marienthal. Dort hielt ihn eine Schar Witbooi an. Sie fragten ihn, ob er Hendriks Brief erhalten habe. Als er bejahend antwortete, erschoß ihn einer der Umstehenden, Salomon Sahl. Hendrik soll später zu diesem gesagt haben: Ich danke dir, daß du den Hauptmann erschossen hast. Ich hätte das nicht tun können und hätte auch den Befehl dazu nicht geben können. Und was hätte ich sagen sollen, wenn der Hauptmann hierher (nach Rietmond) gekommen wäre und mich gefragt hätte, warum ich den Krieg angefangen habe.« (Vgl. hierzu auch Leutwein, Th., S. 458–461).

Direkt hinter dem Grab von H. Burgsdorff befindet sich die zum Teil zerstörte, in Mosaikarbeit ausgeführte Begräbnisstätte der Familie Burgsdorff (Abb. 139). Links, neben einem segnenden Christus, liegt das Grab des 1887 geborenen Carl Albert von Burgsdorff, Herr auf Hohenjesar, Treblin u. Alt Zeschdorf.

140. **Wulkow** b. Booßen (MOL),
nördl. von Frankfurt (O.)

Wir begegnen hier erneut dem Namen von Burgsdorff. In einer Ecke des Friedhofs befindet sich die barocke (leere) Familiengruft des Joachim Erdmann von Burgsdorff aus dem Jahre 1695.

Das Portal wird von zwei bis unter das Hauptgesims reichenden Pilastern eingefasst. Über dem Portal – umrahmt

Abb. 140
Familiengruft des J. E. v. Burgsdorff

von barockem Stuckschmuck – die Wappen des Erbauers und das seiner Frau, geb. von Schlieben. An der Innenwand gegenüber dem Portal ist eine Inschrift, die sich auf Joachim Erdtmann von Burgstorff, Churfürstlicher Brandenburgischer Hauptmann (1635–1706) bezieht, den Erbauer der Kirche und der Gruft, in der sich ein Deckengemälde in Form eines Himmelsgewölbes befindet, das zwei große und kleine Särge zeigt, umgeben von wild gestikulierenden Engeln und einem Spruchband, das von einer Hand in den Himmel hineingehalten wird: *Bringet mir diese zur Ruhe.*

Abb. 140a
Portal der Familiengruft

141. **Dahme** (TF),
s.-östl. von Jüterbog, an der B 10

Otto Unverdorben wurde 1806 in Dahme geboren, wo er auch verstarb. Er war Chemiker und Apotheker. 1826 entdeckte er bei der trockenen Destillation von Indigo das Anilin. 1834 gelang es F. Runge ebenfalls, das Anilin durch fraktionierte Destillation aus Steinkohlenteer darzustellen, was noch drei weitere Forscher auf anderem Wege erreichten. Anilin, eine farblose, ölige Flüssigkeit, kann aus Indigo, Steinkohlenteer und Nitrobenzol gewonnen werden. Es ist Rohstoff zur Herstellung von Farben, Anilinharzen und Arzneimitteln, gleichzeitig ist es ein Blut- und Nervengift. In der Hauptstraße 61 befindet sich eine Erinnerungstafel an den Chemiker:

Abb. 141
»OTTO UNVERDORBEN IN DIESEM HAUSE AM 13. 10. 1806 GEB. AM 27. 12. 1863 GEST. ER FAND HIER 1826 DAS ANILIN. GESTIFTET 1926 VON SEINER VATERSTADT DAHME UND DER I.G. FARBEN-INDUSTRIE AKT. GES.«

Abb. 141
Erinnerungstafel für Otto Unverdorben

In der »Unverdorbengasse« ist ein weiteres Schild angebracht: *Otto Unverdorben 1806–1873 entdeckte 1826 das Anilin in Dahme. Dies war der Weg zu seinem »Weinberg.«*

Otto Unverdorben brachte es bald zu einem reichen Unternehmer. 1848 erwarb er für 15 000 Taler das Rittergut Glinig mit 250 ha Land und 400 ha Wald, das er jedoch nicht selbst bewirtschaftete, sondern mehr als Feriendomizil ansah. Von Dahme aus pflegte er Kontakt zu dem in Wiepersdorf ansässigen Achim v. Arnim (vgl. Text zu Abb. 102).

142. **Stölln** (HVL),
nördl. von Rathenow, an der B 102

Der Ingenieur und Flugpionier Otto Lilienthal (1848–1896) versuchte in seinem Buch *»Der Vogelflug als Grundlage der Fliegekunst«* (1889), die Aerodynamik des Vogelfluges zu beschreiben. Seit 1891 konstruierte er Gleitflugzeuge, mit denen ihm am 109,6 m hohen Gollenberg bei Stölln in den Jahren 1893–1896 Gleitflüge bis zu 300 m gelangen. Hier steht auch ein Denkmal zur Erinnerung an ihn. Seine Grabstätte befindet sich auf dem Friedhof Lichterfelde (Berlin), Lange Straße 8–9.

Abb. 142
Denkmal für Otto v. Lilienthal

Abb. 142
Es kann Deines Schöpfers Wille nicht sein Dich Ersten der Schöpfung dem Staube zu weih'n Dir ewig den Flug zu versagen ERSTER DEUTSCHER FLUGPIONIER OTTO LILIENTHAL *abgestürzt am 9. 8. 1896 Ehre und Ruhm*

Vom Gollenberg aus, der eine Fernsicht bis Havelberg und den 100 m hoch gelegenen Kamernbergen ermöglicht, betrachtete Friedrich der Große am 23. Juli 1779 das urbar gemachte Rhinluch (vgl. Abb 35).

143. **Hirschfelde** (BAR),
n.-östl. von Werneuchen, nahe der B 158

Abb. 143 Bronzehirsch von L. Tuaillon

Eduard Arnhold, 1849 in Dessau geboren, wurde mit 25 Jahren Teilhaber der Kohlenfirma Caesar Wollheim in Berlin. Er besaß neben einem Landhaus am Wannsee das Gut Hirschfelde. E. Arnhold, Geheimer Kommerzienrat, wurde 1889 in den Aufsichtsrat der Dresdner Bank berufen, war im Aufsichtsrat der Berliner Straßenbahn und 1892 im Landeseisenbahnrat. Darüber hinaus war er Mitarbeiter, Förderer und Berater des Deutschen Museums in München, der Kaiser-Wilhelm-Gesellschaft, der Deutschen Versuchsanstalt für Luftfahrt (Zeppelin-Luftschiffe) und des Kohlenforschungsinstituts in Mülheim a. d. R. Außerdem war er Mäzen für Kunst und Kultur. So förderte er mit seinem »Rompreis« seit 1907 Künstler in der »Villa Massimo«, die er durch den Architekten Zürcher als deutsches Künstlerheim mit vielen Ateliers umbauen ließ. Er war Ehrenmitglied des Kunsthistorischen Instituts in Florenz, Mitglied der Akademie der Künste und der Deutschen Akademie in Rom. Arnold besaß die größte Privatsammlung an Gemälden, unter anderem von Liebermann und französischen Impressionisten.

In Hirschfelde, wo sein Gutshaus stand, erinnert ein Findling mit einer Bronzetafel an ihn: *»Eduard Arnhold 1842–1925 Hirschfelde 12. Juni 1999.«*

In seinem 22 ha großen Park standen Skulpturen aus Carrara-Marmor, u. a. der »berühmte« aus einem Marmorblock geschlagene 6 t schwere Stier des Bildhauers Louis Tuaillon. Er ist in Bad Freienwalde aufgestellt; um seinen endgültigen Standort streiten die beiden Gemeinden. Ein bronzener Hirsch, ebenfalls von L. Tuaillon, gegossen von Martin Piltzing, Berlin N, wurde 1990 von der Sowjetischen Armee zurückgegeben und steht heute auf dem Dorfanger.

Lit.: Merkblatt der Familie Albrecht, Hirschfelde

144. **Meseberg** (OHV),
südl. von Gransee, westl. der B 96

1885 erwarb der Unternehmer Carl Robert Lessing (1827–1911), Herausgeber der *»Vossischen Zeitung«* von 1850–1910, das Gut Meseberg, welches eine wechselvolle Geschichte hatte und von den Wartenslebens (1737) an Chr. L. von Kaphengst (1765) – Günstling des Prinzen Heinrich von Preußen – gelangte, dann in den Besitz der Familien Jagow und Hövel (1845) überging. C. R. Lessing, Großneffe des Dichters Gotthold Ephraim Lessing, schenkte das Gut seinem nach dem Dichter benannten Sohn G. Ephraim (1861–1919), der 1891 Anna Zelle heiratete.

Abb. 144
Ringparabel-Stein

In Erinnerung an diese Hochzeit und an seinen berühmten Verwandten ließ er 1891 im Park von Meseberg einen Findling aus rotem Granit setzen, der drei ineinander verschlungene Ringe – in Erinnerung an die »Ringparabel« – und die Initialen »G (Gotthold), A (Anna) und L (Lessing)« sowie das Heiratsdatum 26. 2. 1891, zeigt.

145. **Niemegk** (PM),
westl. von Treuenbrietzen, an der B 102

In der Großstraße 74 setzte P. Matzdorf dem Dichter A. Niendorf ein Denkmal.

Martin Anton Niendorf wurde am 24. Februar 1826 als Sohn eines Niemegker Ackerbürgers geboren. Er besuchte von 1842–1843 die Präparandenanstalt zur Vorbereitung eines Lehrerstudiums, das am 1. April 1844 in Potsdam begann. Nachdem Niendorf 1846 die Abgangsprüfung bestanden hatte, wurde ihm mitgeteilt, dass die preußische Regierung wegen seiner geringen »Gefügigkeit« kein Lehramt an ihn zu vergeben hätte. Er nahm deshalb in Berlin eine Hauslehrerstelle an. 1848 ergriff Niendorf offen Partei für Freiheit und Gleichheit, für die Aufrichtung der Volksherrschaft und der Einigung Deutschlands. Er schloss sich den Freiheitskämpfern an und wurde am 18. März in der Taubenstraße in Berlin gefangen genommen, zuerst im Keller des Schlosses eingesperrt und am 19. März in die Festung Spandau transportiert. Auf Anordnung des Königlichen Provinzialschulkollegiums wurde Niendorf verhört, erhielt ein Verbot für jegliche Lehrtätigkeit und hatte die Residenz und deren Umgebung im Umkreis von zwei Meilen innerhalb von 24 Stunden zur Vermeidung der Verhaftung zu verlassen. Niendorf kehrte nach Niemegk zurück.

Ende 1848 schrieb er unter dem Eindruck seiner Revolutionszeit die Dichtung *»Stunden der Andacht – Gesänge aus Berlins Revolutionszeit nebst einer Pfingstreise durch die Hölle im Jahr 1848«*, worin er die Berliner Märzrevolution beschreibt. 1849 wurde er auf Grund eines Steckbriefs verhaftet und zwei Monate in Untersuchungshaft in der Berliner Stadtvogtei am Molkenmarkt eingesperrt. Anfang 1850 erhielt Niendorf vom Königlichen Schwurgericht in Berlin wegen Ehrfurchtverletzung gegen den König eine Anklage und wurde zu sechs Monaten Gefängnisstrafe und Verlust der Nationalkokarde (Abzeichen in den Nationalfarben) verurteilt. Nach seiner Entlassung nahm er eine Hauslehrerstelle an und entfaltete eine reiche schriftstellerische Tätigkeit. Seine lyrische Dichtung *»Die Hegler Mühle – Cyklus märkischer Lieder«* widmete er dem Dichter Willibald Alexis (vgl. Text zu Abb. 76). Weitere Schriften von ihm sind der im Dreißigjährigen Krieg spielende Roman *»Entfesselte Furien«* und die Dorfgeschichte *»Der Schulzenhof zu Raben«*. Niendorf widmete sich kurzzeitig der Landwirtschaft, kehrte nach Berlin zurück und gab hier *»Niendorfs Zeitung für Landwirte und Grundbesitzer«* heraus. Daraus entstand 1871 die politische Zeitung *»Deutsche Tageszeitung«*. 1869 wurde er in den Reichstag des Norddeutschen Bundes gewählt. Bald danach gründete er die Partei der »Agrarier«.

Auf seinem Grab auf dem Friedhof in der Bergmann-

Abb. 145
Denkmal für M. Anton Niendorf

straße in Berlin ließ Graf von der Schulenburg-Beetzendorf folgende Inschrift anbringen:
Es sah sein Geist der Zukunft Morgenrot, doch vor dem Siege streckt ihn hin der Tod.

Abb. 145
Hier wirkte der Dichter und Schriftsteller Martin Anton Niendorf GEB. 24. 2. 1826 GEST. 2. 6. 1878 in Nieder=Lössnitz Begr. auf dem Fr. Werderschen Kirchhof zu Berlin P. Matzdorf (vgl. zu P. Matzdorf die Abb. 153, 154, d. Verf.)

Lit.: aus dem Manuskript »Martin Anton Niendorf. Flämingdichter, Revolutionär und vergessener Demokrat« von S. Dalitz, Niemegk.

146. **Niemegk** (PM),
westl. von Treuenbrietzen, an der B 102

Robert Koch (1843–1910), als Praktischer Arzt von 1868 bis 1869 in Niemegk und ab 1872 als Kreisphysikus in Wolstein tätig, lehrte von 1885 bis 1891 in Berlin. Seit 1891 war er Leiter des Instituts für Infektionskrankheiten, dem späteren Robert-Koch-Institut. Dort entwickelte er wichtige Untersuchungsmethoden zum Nachweis von Bakterien. Mit Hilfe der von ihm entdeckten Milzbrandsporen gelang es ihm, Mikroorganismen als Erreger von Infektionskrankheiten nachzuweisen. 1882 entdeckte er den Tuberkelbazillus und 1884 den Erreger der Cholera; den Erreger und Übertragungsweg der Malaria wies er ebenfalls nach. Seine Tätigkeit galt vor allem der Bekämpfung und Verhütung von Infektionskrankheiten. 1905 erhielt er den Nobelpreis. In Niemegk, Großstraße 69, erinnert eine Gedenktafel an ihn.

Abb. 146
Gedenktafel für Robert Koch

Abb. 146
In diesem Hause wirkte Dr. med. Robert Koch v. 1868–1869 als prakt. Arzt. Die märkischen Ärzte 1939

147. **Erkner** (LOS),
s.-östl. an Berlin grenzend

In der Gerhart Hauptmann Straße birgt das Haus, in dem Gerhart Hauptmann vier Jahre lang wohnte, ihm zu Ehren ein Museum. Eine Bronzetafel am Hause erinnert an diese Zeit.

Abb. 147
Hier wohnte Gerhart Hauptmann der Dichter der Weber und des Biberpelz vom 20. Septemb. 1885–15. Septemb. 1889.

Die Zeit in Erkner war für G. Hauptmann eine Umbruchzeit. 1885 erschien sein noch als klassizistische Dichtung zu bezeichnendes Epos *»Promethidenlos«*, 1889 folgte das Stück *»Vor Sonnenaufgang«*, das in der »Freien Bühne« in Berlin uraufgeführt wurde und den Anfang seiner naturalistischen Dramen einleitete: Milieuschilderung, Schluss ohne Lösung, trostloser Pessimismus. 1887 fand im Hause Hauptmanns das Stiftungsfest der Dichtergruppe »Durch« statt, der anfänglich Bruno Wille und Wilhelm Bölsche angehörten, dann gesellten sich die Brüder Hart, Arno Holz und Johannes Schlaf dazu, zeitweise auch die Maler Walter Leistikow, Edvard Munch und Fidus (vgl. Text zu Abb. 158) sowie die Dichter Erich Mühsam, Richard Dehmel, Otto Erich Hardleben und August Strindberg. Später nahm die Gruppe den Namen »Friedrichshagener Dichterkreis« an.

Lit.: Salzer, A.

Abb. 147
Gedenktafel für Gerhart Hauptmann

Denkmale aus der Zeit Wilhelm II. (1861–1918)

Abbildungen 148–163

Im Jahre 1888 bestieg **Wilhelm II.** den Thron. 1890 wurde O. von Bismarck entlassen. Obwohl man den Rückversicherungsvertrag mit Russland um sechs weitere Jahre verlängerte, war das Reich durch nicht ausreichende diplomatische Aktivitäten bald eingekreist. Der so genannte Panthersprung (1911) festigte die Entente zwischen Frankreich und England. Das Militärpotential wurde verstärkt. 1913 feierte man das 25-jährige Regierungsjubiläum Kaiser Wilhelms (Abb. 114, 148) auch mit der Errichtung von Gedenksteinen. Bereits früher hatte er sich selbst und seinen Vorfahren solche setzen lassen (Abb. 149, 150).
Die Balkankrise und das Attentat auf den Thronfolger Franz Ferdinand und seine Frau führten 1914 zum Ausbruch des Ersten Weltkrieges. Die ersten Kriegsjahre ließen einen Sieg Deutschlands erhoffen. Paul von Hindenburg siegte in der Schlacht von Tannenberg 1914 (Abb. 151). An den dann verlorenen Krieg erinnern in allen Dörfern Gedenksteine (Abb. 152, 153).

In der Zeit um den Ersten Weltkrieg und zwischen den beiden Weltkriegen waren in Brandenburg zwei Landwirte tätig, die weit über Deutschlands Grenzen hinaus bekannt wurden (Abb. 154, 155). Weitere Erinnerungstafeln und -steine wurden für Wissenschaftler, Künstler und Dichter aufgestellt (Abb. 156–161). Bei Oranienburg erinnerte man an den größten deutschen Radrennfahrer seiner Zeit (Abb. 162).
Ein Findling weist auf den Wiederaufbau der deutschen Luftwaffe hin (Abb. 163).

148. **Staaken** (Berlin)

An der Friedhofsmauer von Staaken, das 1888 noch ein Dorf war, befindet sich eine nach 1990 erneuerte Gedenktafel für Kaiser Wilhelm II.

Abb. 148
1888 – 15 Juni 1913 – Zur bleibenden Erinnerung an die Jubelfeier der Gemeinde Staaken aus Anlass der 25Jährigen Regierung unseres Kaisers und Königs Wilhelm II. Heil unserem Herrscher
(vgl. Abb. 84, 114, 115, 149, 150).

Abb. 148
Gedenktafel für Kaiser Wilhelm II.

Etwa 20 m gegenüber steht ein 1945 errichtetes Denkmal zum Ruhme der Roten Armee (Abb. 169).

149, 150. **Hubertusstock** (Jagdschloss) (BAR), v. Eichhorst Richtg. Joachimsthal (B 198), erstes Hinweisschild auf Schloss H. li., dann ca. 250 m li. Wanderweg, hier 1. Denkmal; nahe Schlosseingang 2. Denkmal

Die Schorfheide – heute »Biosphärenreservat Schorfheide« – war seit dem 13. Jh. bis zum Ersten Weltkrieg Jagdgebiet der brandenburgisch-preußischen Landesherren, die seit der Regierungszeit Johann I. und Otto III. drei Burgen am Werbellin- und Grimnitzsee besaßen (vgl. Text zu Abb. 6). Von 1847–1849 ließ Friedrich Wilhelm IV. das Jagdschloss Hubertusstock – im Schweizerhausstil – errichten, das nahe dem Werbellinsee in einem von uralten Eichen, Buchen und Kiefern (300 Jahre) bestandenen Waldgebiet liegt. Wilhelm II. hat hier zu den verschiedensten Anlässen eine Vielzahl von Gedenksteinen, vor allem für sich und seine Vorfahren, errichten lassen (vgl. auch Texte zu Abb. 84, 114, 115, 148, 150).

Abb. 149
Gedenkstein für Wilhelm I.

Abb. 149
Wilhelm dem Großen in märkischer Treu Als Waidmannsdank die Jägerei 22. März 1897 Wilhelm II.
(Stein, gestiftet zum 100. Geburtstag Wilhelm I., d. Verf.)

Abb. 150
Gedenkstein für Wilhelm II. zur Silberhochzeit

Abb. 151
Gedenkstein für Paul von Hindenburg

Abb. 150
Gedenkstein zur Silberhochzeit von Wilhelm II. (1906, d. Verf.)

151. **Waltersdorf** (LDS),
s.-westl. von Luckau, zw. der B 87 und der B 96

Auf dem Freiplatz ließ der Gutsbesitzer Kortes, einen Gedenkstein für Paul von Hindenburg setzen. Der Stein wurde 1991 wieder aufgestellt.

Abb. 151
Zum 80. Geburtstag des Generalfeldmarschalls von HINDENBURG 2. Oktbr 1927

Paul von Beneckendorff und von Hindenburg (*1847–† 1934), seit 1914 Generalfeldmarschall, war von 1925 bis 1934 Reichspräsident. Er nahm am Krieg von 1866 und am Deutsch-Französischen Krieg 1870/1871 teil. 1914 war er gemeinsam mit E. Ludendorff Stabschef der 8. Armee, die in drei Schlachten bei Tannenberg und in den Masuren von 1914 bis 1915 die weit nach Ostpreußen eingedrungenen russischen Truppen vernichtend schlug. Am 24. 3. 1933 unterzeichnete er das »Ermächtigungsgesetz«.

Vorbemerkungen zu Abb. 152, 153

Für die Toten des Ersten Weltkrieges wurden in fast allen Dörfern Brandenburgs Gedenksteine von den Gemeinden oder auch von Privatpersonen aufgestellt. Ihre »künstlerische« Gestaltung ist vielfältig.

Abb. 152
Ihren tapferen Helden die dankbare Gemeinde Gutengermendorf

152. **Gutengermendorf** (OHV),
nördl. von Oranienburg u. von Löwenberg, nahe B 96

Kriegerdenkmal für die Toten des Ersten Weltkrieges

In **Treuenbrietzen** (PM, an der B 2), zieht sich um den Gedenkstein, einen ruhenden Löwen, ein Schriftband:

1914–1918· DEUTSCHES VOLK O LEBE· LOEWENGEWALTIG UND STOLZ WIE DEINE HELDEN GESTORBEN· DU DER GEISTES-KRÄFTE GEWALTIGSTE, DU LOEWENSTOLZE LIEBE DES VATERLANDES!

Abb. 153
Unseren Helden Dank 1914–1918 Ph. z. E. H. (linker Stein). Am Frieden krank 1919 (rechter Stein).

153. **Liebenberg** (OHV),
zwischen Löwenberg und Liebenwalde, an der B 167

Links und rechts des Treppenaufganges zur Kirche – die innerhalb des Gutsgeländes steht – wurden zwei Gedenksteine durch den ehemaligen Besitzer von Schloss und Gut Liebenberg, Philipp zu Eulenburg Härtefeld, aufgestellt, die an den Ersten Weltkrieg erinnern.

154. **Petkus** (TF),
östl. von Jüterbog, an der B 115

Ferdinand v. Lochow (1849–1924) übernahm nach dem Krieg 1870/71 als Inspektor das Gut seiner Mutter. Die

Abb. 154 Gedenkstein für Ferdinand von Lochow

Sandböden in Petkus und die häufige Vorsommertrockenheit ergaben nur mittelmäßige Ernten. Die Niederschläge betragen im Durchschnitt 608 mm und sind schlecht über das Jahr verteilt. Der karge Boden in Petkus begünstigt aber die Auslese von Getreidesorten. Bald erkannte von Lochow die erbliche Leistung der einzelnen Pflanze und ihrer Nachkommenschaft durch fortgesetzte Individualauslese. Sein Verfahren wurde später als das »Deutsche Ausleseverfahren« bezeichnet.

In Versuchen erwies sich der Petkuser Winterroggen als der winterfesteste mit den höchsten durchschnittlichen Kornerträgen. Sie lagen pro Hektar um 300 kg höher als andere Sorten. Die Erhöhung des Kornanteils reduzierte den Strohanteil. Diese Roggensorte war sozusagen eine Universalsorte, die in allen europäischen Roggenanbaugebieten verwandt wurde: in Polen, Böhmen, und Mähren, Österreich, Holland, Schweden, Russland.

1895 begann F. v. Lochow auch Sommerroggen zu züchten, der bis in die gegenwärtige Zeit, besonders auf Spätfrost gefährdeten Moorböden, erfolgreich angebaut wird. 1902 züchtete er den Petkuser Gelbhafer, der sich vor allem auf leichteren Böden sehr gut bewährte. 1903 begann er mit der züchterischen Verbesserung der Kartoffel. Darüber hinaus leistete F. von Lochow in der Rindvieh- und der Schweinezucht Hervorragendes. Der Petkuser Stalldurchschnittsertrag einer schwarzbunten Kuh betrug 3 754 l Milch im Jahre 1897 und wurde bis zum Jahre 1912 auf 4 417 l Milch gesteigert (heutzutage ca. 5 500 l).

Auf der Weltausstellung in Paris 1900 erhielt er einen »Grand Prix«, auf der Weltausstellung 1910 in Brüssel die einzige an Deutschland für Getreidezüchtung ausgegebene »Große Goldene Medaille«. Die Landwirtschaftliche Hochschule in Berlin ernannte ihn 1922 zum ersten »Doktor der Landwirtschaft« ehrenhalber. Neun Zehntel des gesamten deutschen Roggens und etwa die Hälfte der Weltroggenernte waren auf die Zuchtarbeit F. von Lochows zurückzuführen. Während um 1890 für etwa 200 Millionen Mark Roggen eingeführt werden musste, konnte 1910 für 100 Millionen Mark Roggen ausgeführt werden.

Durch die Gründung der F. v. Lochow-Petkus-GmbH im Jahre 1926 wurde aus der Saatzuchtstation eines der größten Züchtungsunternehmen Deutschlands. Gegen Ende des Zweiten Weltkrieges wurde ein Teil des in Petkus bearbeiteten Zuchtmaterials nach Haselhorst in der Lüneburger Heide verlagert. Anfang 1945 wurde in Petkus das Zuchtunternehmen verstaatlicht; es hatte den östlichen Teil Deutschlands mit Petkuser Roggen zu versorgen. Anfang der 70er Jahre erhielt Petkus den Status eines Instituts für Getreidezüchtung. Im Verband der Kleinwanzlebener Saatzucht AG gehört das Unternehmen heute zu den bedeutendsten Züchtungsbetrieben Deutschlands. Vor den Gewächshäusern in Petkus befindet sich ein Gedenkstein mit einem Bronzerelief für F. v. Lochow.

Lit.: Köchling, Vortrag 1992; Aufhammer, G.; S. 294–305

155. **Markee** (HVL),
südl. von Nauen, nahe der B 273

Arthur Schurig wurde 1869 als Sohn eines Krongutpächters in Paretz geboren. Er studierte Landwirtschaft in Berlin, pachtete nach 1914 das Rittergut Markee, 1920 das Rittergut Markau und 1924 das Redernsche Gut Schwanebeck hinzu. 1926 bewirtschaftete er insgesamt 4 000 ha gepachtete landwirtschaftliche Nutzfläche. Durch seine Experimentierfreude und seinen Erfindergeist wurde er mit seinen Betrieben bereits vor dem Ersten Weltkrieg für den Feldgemüseanbau, die Saatzuchterfolge und die von ihm in enger Zusammenarbeit mit Ingenieuren entwickelten Landmaschinen berühmt. Er betrieb auf allen Wirtschaften intensiven Gemüseanbau, alles in Großproduktion und nach streng betriebswirtschaftlichen Gesichtspunkten.

Zwischen 1914/1918 baute Schurig mit staatlicher Erlaubnis kein Getreide mehr an, sondern produzierte das Vielfache an Wert und Menge an Gemüse. Als Hauptgemüse wurden diverse Kohlarten und als Zwischen-, Vor- und Nachfrüchte Gurken, Grün-Erbsen, Spinat, Radieschen, Rapunzel, Karotten und einige Arzneipflanzen angebaut, so dass zum Teil zwei bis drei Ernten pro Feldschlag erzielt wurden. Das Gemüse verkaufte er, abgesehen von der Belieferung einiger Konservenfabriken, die während des Ersten Weltkrieges Dörrgemüse herstellten, nach Berlin. Die riesigen Feldschläge waren mit ca. 32 km

Feldbahnschienen, zum schnellen Abtransport der Ernte, durchzogen. Neben den ständigen Arbeitskräften waren allein 300 Saisonarbeiterinnen jährlich auf den sich begrenzenden Gütern Markee und Markau beschäftigt.

Ein weiterer Produktionszweig, der ihn über die Grenzen Deutschland hinaus bekannt machte, waren seine Saatzuchten. Hier arbeitete er parallel, aber ohne Zusammenarbeit, zu der Saatzuchtstation von F. v. Lochow in Petkus (vgl. Text zu Abb. 154). Federführend in der Saatzucht wirkte für Schurig Dr. agr. Heinrich Neuer (1962 von Persien zum Reorganisator der dortigen Landwirtschaft berufen).

Schurig erhielt 1926 wegen seiner bahnbrechenden Erfindungen auf dem Gebiet des Landmaschinenbaus die Ehrendoktorwürde der Technischen Hochschule Berlin. Die mit seiner Hilfe in Deutschland und den USA entwickelten Landmaschinen wurden zu Versuchszwecken nach Markee geschickt. Nach 1918 traten die ersten Probleme für Schurig auf. Der kanadische Weizen wurde für 5,60 RM pro 50 Kilogramm angeboten, Holländer und Dänen brachten billiges Gemüse auf den deutschen Markt.

Abb. 155
Gedenkstein für Arthur Schurig

Die Kontrollratsgesetze der Alliierten verboten nach dem Ersten Weltkrieg eine Protektion deutscher Agrargüter. Die Verluste im Gemüseanbau versuchte Schurig durch Hanfanbau auszugleichen, denn es war ihm gelungen, eine besonders gut zu verarbeitende Hanfsorte zu züchten. Die Engländer reagierten augenblicklich und exportierten billigen Kolonialhanf nach Deutschland. Da Schurig seine mehrjährigen Verträge einhalten musste, machte er trotz Verkaufs seines gesamten Vermögens bankrott. Er verstarb 1932 und hinterließ einen Schuldenberg von 2,5 Millionen RM. Eine Nachlassverwaltung produzierte weiter. 1935 wurden täglich wieder 16 Lastzüge mit Gemüse nach Berlin verfrachtet und alle Schulden abgetragen; die Güter wurden neu verpachtet. Nach seinem Tode setzte man Schurig in Markee einen Gedenkstein.

Abb. 155
*Zum Gedenken an unseren großen Meister Dr. Ing. e. h. Arthur Schurig * 1869 † 1932 den tatkräftigen Förderer der deutschen Landwirtschaft Vorwärts Preußen*

Das Arbeitsmotto Schurigs »Vorwärts Preußen« ist seinem Gedenkstein nach 1945 zum Verhängnis geworden. Er wurde entfernt, 1990 restauriert und wieder aufgestellt.
Lit.: Dorfchronik Markee

Abb. 156
Gedenktafel für die Gefallenen des Ersten Weltkrieges

156. **Cöthen** (MOL),
westl. von Bad Freienwalde, nahe der B 167

Hier wirkte von 1890 bis 1925 der über den Oberbarnim hinaus bekannte Lehrer und Kantor Paul Matzdorf (1864–1930). Neben seiner Tätigkeit als Lehrer war er Schriftsteller, bildender Künstler und erster Kreisjugendpfleger zugleich. An der alten einklassigen Dorfschule in Cöthen befindet sich neben dem Eingang eine Erinnerungstafel:

»Hier wirkte der Schöpfer der Jugend- und Volksbühne Paul Matzdorf als Lehrer und Kantor von 1890 bis 1925.«

An der Giebelwand des Schulgebäudes ist eine von ihm entworfene Gedenktafel aus gebranntem Ton angebracht, die an die Toten des Ersten Weltkrieges erinnert.

Abb. 156
Dem Andenken unserer Gefallenen im Weltkriege Ernst Holm, Fritz Kelch, Ernst Böhning. Vergiß mein Volk, Die teuren Toten nicht! (vgl. zu P. Matzdorf auch die Abb. 145, 157, d. Verf.)

157. **Falkenberg** (MOL),
nahe Bad Freienwalde

Auf dem Fontaneplatz, nahe Bad Freienwalde, erinnert P. Matzdorf mit einem bronzenen Portraitrelief an Theodor Fontane, der in seinen *»Wanderungen durch die Mark Brandenburg«* Falkenberg und seine Umgebung als idyllische und reizende Gegend beschrieb. Der Feldstein trägt ein Fontanemedaillon.

Abb. 157
Portraitrelief für Theodor Fontane

Abb. 157
Theodor Fontane (vgl. zu P. Matzdorf auch die Abb. 145, 156, d. Verf.)

Nicht weit von Falkenberg entfernt befindet sich auf dem Friedhof von Schiffmühle, Ortsteil Neutornow, das Grab des Vaters von Th. Fontane.

158. **Woltersdorf** (LOS), nördl. von Erkner, s.-westl. von Berlin

Hugo Hoeppener (1868–1948) – genannt Fidus – erwarb im Jahre 1906 in Woltersdorf ein Grundstück und ließ nach eigenen Entwürfen ein Atelierhaus erbauen, dessen Eigentümer heute das Museum »DEUTSCHE LEBENSFORM e. V.« ist. Mit 20 Jahren malte Fidus eine Kohlezeichnung nach dem »Also sprach Zarathustra« von Nietzsche und nannte sie »Lichtgebet«. Bis 1938 hat er sie in vielen Variationen in Öl, als Lithographie etc. gestaltet. Sie brachte ihm den Namen des »Lichtgläubigen« ein.

Lehrer von Hoeppener war der Maler und Lebensreformer Karl Wilhelm Diefenbach. Da Hoeppener lange bei ihm verweilte, gab jener ihm den Namen »Fidus«, d. h. Getreuer. Bei Diefenbach wurde er mit der Welt der Nacktkultur, der Vegetarier, des Occultismus und der Lichtanbetung vertraut. Körperhaltung, Nacktheit, Blick, Haartracht und Kleidung variierte Fidus in seinen Bildern immer wieder neu.

Abb. 158
1868 Fidus 1948

Er ist ein typischer Vertreter der damaligen Reformbewegung, der Wandervögel, mit Tendenz zur Schwärmerei und Weltflucht beziehungsweise kleinbürgerlicher Fluchtbewegung. Fidus hatte sich, wie Margarete Buber Neumann in ihrem Buch »Von Potsdam nach Moskau« schrieb, »auf den germanischen Übermenschen spezialisiert«. Sein Bild *»Schwertwacht«* versah Fidus – 1932 trat er der NSDAP bei – in neuer Variation mit Hakenkreuzen. Trotzdem wurde er von den Parteigenossen nicht weiter beachtet. Er schrieb Allerweltsbeiträge für lebensreformerische Zeitschriften, wie »Der Lichtpfad« und die »Übersinnliche Welt«, hielt Lichtbild-

vorträge für meditationsbestimmte Tempelarchitektur, malte Reklamebilder für Kathreiners Malzkaffee und Entwürfe für Titelblätter verschiedener Zeitschriften wie die *»Theosophische Kultur«*. Sein Grab befindet sich auf dem Woltersdorfer Friedhof (bei Berlin).
Lit.: J. Frescot u. a

159. **Biesenbrow** (UM),
nördl. von Angermünde u. nördl.
von Greiffenberg, nahe der B 198

Hier erinnert ein Hinweisschild an *»Ehm Welk Schriftsteller und Dichter wurde in diesem Hause am 29. 08. 1884 geboren und verlebte hier seine Jugendzeit«*. An der ehemaligen Dorfschule weist eine Tafel ebenfalls auf ihn hin.

Abb. 159
Hier besuchte Ehm Welk, Autor des Romans »Die Heiden von Kummerow« bei Kantor Böttcher von 1890–1898 die einklassige preußische Schule.

Abb. 159
Erinnerungstafel für Ehm Welk

In der Kummerowtrilogie – von 1937 bis 1938 erschienen – beschrieb er die sozialen Verhältnisse in der Uckermark. E. Welk war Chefredakteur der *»Grünen Post«*, musste aber 1934 auf Druck der Nationalsozialisten diesen Posten aufgeben und wurde sogar einige Monate eingesperrt; er zog sich in den Spreewald zurück. Nach 1945, weiterhin im östlichen Teil Deutschlands lebend, behandelte er *»Im Morgennebel«* (1953) die deutsche Novemberrevolution. Über das Leben ehemaliger Nationalsozialisten schrieb er in seinem Buch *»Der Hammer will gehandhabt sein«* (1958); in *»Der wackere Kühnemann aus Puttelfingen«* (1959) berichtete er über das Zusammentreffen west- und ostdeutscher Menschen. Er starb 1966.
Lit.: Salzer, A.

160. **Werder** (PM),
westl. von Potsdam, an der B 1

In der Kirchstraße 14 erinnert eine Bronzetafel an den Maler Karl Hagemeister

Abb. 160
Prof. Karl Hagemeister
bekannter märkischer Maler
wurde in diesem Hause geboren
am 12. 3. 1848 und starb
auch hier am 5. 8. 1933.

Karl Hagemeister malte unter dem Einfluss des französischen Impressionismus Naturstimmungen, z. B. Havellandschaften und Seebilder. Nachhaltig wurde er auch von seinem Freund, dem österreichischen Maler K. Schuch (1846–1903), über den er 1913 eine Monographie schrieb, beeinflusst. Schuch, im Kreise von W. Leibl verkehrend, malte Stilllebeninterieurs und Landschaften.

Abb. 160
Gedenktafel für
Karl Hagemeister

161. **Werder** (PM),
westl. von Potsdam, an der B 1

Adolf Damaschke, Sozialpolitiker und Nationalökonom, war freier Publizist und Mitbegründer des »Nationalsozialen Vereins« (1896), außerdem stand er an der Spitze des »Bundes Deutscher Bodenreformer« (seit 1898). Er setzte sich für eine Reform der Besteuerung von Grund und Boden ein. Unter dem Einfluss von Henry George, dessen »Single Tax« (Alleinsteuer) er aber ablehnte, wollte er erreichen, dass die Zuwachsrente – der ohne Substanzveränderung des Bodens eintretende Wertzuwachs – weggesteuert, d. h. in Gemeineigentum überführt wird. Seine Vorschläge beeinflussten das Eigentumsrecht in der Weimarer Verfassung. Die drei wichtigsten Werke sind: *»Aufgaben in der Gemeindepolitik«, 1901; »Die Bodenreform«, 1902; »Bodenreform und Landwirtschaft«, 1932.* Damaschke ist auf dem Friedhof in der Kemnitzer Straße begraben.

Abb. 161
Grabstein für
Adolf
Damaschke

Abb. 161
Adolf Damaschke Geb. 24. 11. 1865 – Gest. 30. 7. 1935
Wir wissen dass wir aus dem Tode in das Leben gekommen sind
denn wir lieben die Brüder Johannes K 3 V 14

162. **Oranienburg** (OHV),
Granseer Str., Richtg. Nassenheide, an der B 96

Am Rande von Oranienburg steht das erste einem deutschen Radrennfahrer gewidmete Denkmal. Der vier Meter hohe Obelisk aus grauem Muschelkalk zeigt das Relief Adolf Huschkes als Straßenfahrer. Entworfen wurde es von den Künstlern Behringer und Theunert.

Abb. 162
DEM MEISTERFAHRER ADOLF HUSCHKE, DER HIER 32-JÄHRIG IM RENNEN RUND UM BERLIN AM 26. AUGUST 1923 TÖDLICH VERUNGLÜCKTE GEWIDMET VON SEINEN KAMERADEN UND RADSPORT-FREUNDEN

Abb. 162
Gedenkstein für Adolf Huschke

A. Huschke (geboren 1891) war einer der bedeutendsten Radrennfahrer Deutschlands. Er siegte in zahllosen Straßenrennen von 1911 bis 1923. Neben unzähligen Regionalmeisterschaften war er 1921 auch Deutscher Meister.

Lit.: Mitteilung von W. Schoppe, Leipzig, Bund Dt. Radfahrer e. V.

163. **Wustrau** (OPR),
südl. von Neuruppin, östl. der A 24

Abb. 163
Gedenkstein für zwei Flugzeugpiloten

Am Ruppiner See, auf dem Weg zwischen Treskow und Wustrau, etwa gegenüber dem Dorf Karve, wurde für zwei verunglückte Piloten ein großer Findlingsblock aufgestellt.

Abb. 163
Den Vorkämpfern für Deutschlands Luftgeltung Joachim von Schröder und Ehrich Albrecht
† 19. 12. 1929

Ein Postflugzeug stürzte am 19. 12. 1929 nahe dem Gedenkstein ab. Man vermutet, dass es sich bei den Toten um Flieger handelt, die am Aufbau der damals noch verbotenen deutschen Luftwaffe mitwirkten.

Denkmale aus der Zeit nach dem Zweiten Weltkrieg

Abbildungen 164–182

Die Denkmale aus der **Zeit nach dem Zweiten Weltkrieg** berichten in ihrer überwiegenden Zahl von Not, Elend, Krieg und Tod. Ein Denkmal weist auf den Widerstand im »Dritten Reich« hin (Abb. 164), unzählige auf das entsetzliche Leid der Menschen in den Konzentrationslagern (Abb. 165). In Großbeeren befand sich ein Gestapo-Durchgangslager, nahe Treuenbrietzen bei Nichel war ein Zwangsarbeitslager errichtet (Abb. 166). Nach 1945 nutzte der sowjetische Geheimdienst die deutschen Konzentrationslager und verwandelte sie in »Speziallager« (Abb. 167).

In fast allen Dörfern Brandenburgs, vor allem zwischen der Oder und Berlin, errichtete die sowjetische Besatzungsmacht sofort nach dem Kriege – zum Teil monumentale (Seelow, Baruth) aber auch einfache – Erinnerungsstätten, für die gefallenen sowjetischen Soldaten (Abb. 168, 169). Diesem Vorgehen haben sich die deutschen Behörden in der sowjetischen Besatzungszone angeschlossen (Abb. 170). Kyrillische Inschriften erinnern noch an die Zeit der sowjetischen Besetzung. (Abb. 171). Nur in wenigen Fällen wurden durch die sowjetische Besatzungsmacht Denkmale zum Ruhm der Roten Armee nach 1990 selbst demontiert (Abb. 172).

Die Ruhestätten für deutsche Soldaten, vor allem in dem Gebiet zwischen der Oder und Berlin gelegen, sind einfach gestaltet. Kleine Steintafeln, Plastikschilder oder Holzkreuze findet man in waldigen Gebieten, in Dörfern (Abb. 173) und auf Friedhöfen (Abb. 174). Ein einziger Stein in Brandenburg, nach 1990 errichtet, gedenkt russischer und deutscher Soldaten, die gemeinsam in einem Massengrab ruhen (Abb. 175).

1945 begann die Verteilung von Land an Flüchtlinge und Landarbeiter. Bald setzte die Zwangskollektivierung auf dem Lande ein (vgl. Müller, K.). Marx u. a. Wegbereitern des sozialistischen Systems wurden unzählige Denkmale gesetzt. Der beginnenden Bodenreform (Abb. 176, 177) und der Landwirtschaftlichen Produktionsgenossenschaften (Abb. 178) gedachte man ebenfalls durch Erinnerungssteine und plakative Bilder. Auch an den Tag der Vollendung des »vollgenossenschaftlichen Dorfes« wird erinnert (Abb. 179). Nach 1989 wurde in vielen Orten Brandenburgs des Tages der Einheit gedacht (Abb.180). Eine Tafel erinnert an die Rückkehr auf den ehemals verlassenen Hof (Abb. 181), eine andere verweist auf bürokratische Probleme (Abb. 182).

164. **Groß Behnitz** (HVL),
s.-westl. von Nauen, nahe der B 5

Ein Schild am Hauptportal zum ehemaligen Gutshof – auf den Portalpfeilern befinden sich die unter Abb. 39 erwähnten Gontard-Trophäen – berichtet von den Widerstandskämpfern gegen Hitler.

Abb. 164
HIER TRAFEN SICH IM EHEMALIGEN SCHLOSS IN DEN JAHREN 1941–1943 AUF EINLADUNG DES DR. ERNST VON BORSIG MEHRMALS DIE GRAFEN MOLTKE UND YORK VON WARTENBURG MIT FÜHRENDEN MITGLIEDERN DES – KREISAUER KREISES –

Abb. 164
Erinnerungstafel an den Kreisauer Kreis

Die Grafen Moltke und v. Wartenburg sowie fast alle Mitglieder des Kreisauer Kreises wurden 1944 hingerichtet. Ernst v. Borsig verschleppte man in ein russisches Internierungslager, wo er 1945 verstarb.

Abb. 165
»Den Opfern des Faschismus«

165. **Biesenthal** (BAR),
n.-östl. von Bernau, an der B 2, östl. der A 11

Viele Gedenktafeln entlang der Straße Sachsenhausen–Raben–Steinfeld erinnern an den Todesmarsch der KZ-Häftlinge.

Am Rande von **Großbeeren** (TF, südl. von Berlin, an der B 101, nördl. der A 10) lag ein Arbeitserziehungs- und Durchgangslager der Gestapo, in dem etwa 1 200 Häftlinge umkamen und in einer ehemaligen Kiesgrube in Massengräbern verscharrt wurden. Es sind vor allem Menschen russischer, polnischer, französischer, tschechischer, deutscher und holländischer Nationalität, die dort ruhen. Ein Mahnmal mit Gedenktafeln erinnert an die Toten.

166. **Nichel** (PM), n.-westl. von Treuenbrietzen, nahe der B 2

Außerhalb des Dorfes weisen zwei Gedenksteine mit Texten sowohl in italienischer als auch in deutscher Sprache auf das Schicksal von 127 erschossenen italienischen Soldaten hin.

Abb. 166
Gedenksteine für italienische Soldaten

Abb. 166
REPUBLICA ITALIANA A PERENNE MEMORIA DEI 127 ITALIANI TRUCIDATI IL 23. 4. 1945 VITTIME DELLA BARBARIE NAZIONAL SOZIALISTA.
ZUM STETEN GEDENKEN AN DIE HIER AM 23. 4. 1945 ERMORDETEN 127 ITALIENER OPFER DES NATIONALSOZIALISMUS

Nahe Treuenbrietzen befand sich das Lager 782 C/II, in dem etwa 3 000 überwiegend »Zivilimportierte« lebten und in der nahe gelegenen Rüstungsfabrik Sebaldushof arbeiten mussten. In einer gesonderten Baracke waren italienische Kriegsgefangene untergebracht, die der direkten Überwachung durch Wehrmachtssoldaten unterstanden. Am 21. April stießen russische Panzer bis Treuenbrietzen vor, die Wachsoldaten waren geflohen und die Italiener, wie alle anderen Lagerinsassen, frei. Nach zwei Tagen jedoch kamen die deutschen Soldaten zurück und brachten die Italiener zu einer Kiesgrube nahe Nichel, wo sie erschossen wurden. Vier der italienischen Kriegsgefangenen überstanden – zum Teil verletzt – das Massaker in der Kiesgrube und berichteten von dem Schicksal ihrer Kameraden.

167. **Schmachtenhagen** (OHV), östl. von Oranienburg, an der B 273

Im Schmachtenhagener Forst, zwischen Oranienburg und Schmachtenhagen gelegen, befinden sich Massengräber deutscher Gefangener des von der NKWD unterhaltenen Speziallagers Nr. 7 aus dem ehemaligen KZ Oranienburg. Die Namen und die Anzahl der Toten, die hier verscharrt wurden, sind in den meisten Fällen unbekannt.

Nach 1990 kam allmählich die Wahrheit über die Massengräber bei Schmachtenhagen ans Licht. Neben dem nunmehr eingezäunten Gelände, auf dem sich ein großer Gedenkstein befindet und auf dem Angehörige Kreuze haben errichten lassen, ist eine Tafel mit folgendem Text aufgestellt: *»Nach dem Ende des Zweiten Weltkrieges benutzte die sowjetische Besatzungsmacht Teile des Geländes und der Bauten des ehemaligen nationalsozialischen Konzentrationslagers Sachsenhausen für das Speziallager Nr. 7 (von 1948 an Nr. 1). Das Lager des sowjetischen Geheimdienstes bestand von August 1945 bis Februar 1950. Zu den Gefangenen des Speziallagers gehörten deutsche Kriegsgefangene, Internierte, von sowjetischen Militärtribunalen verurteilte Personen und sowjetische Bürger, die zwangsweise in die UdSSR zurückgeführt werden sollten. Die Verstorbenen wurden an drei Orten bestattet: Im Wald von Schmachtenhagen, auf dem sogenannten Kommandantenhof und an der Düne in der Nähe eines mit Zone II bezeichneten Gebietes. Wer an welchem Ort bestattet wurde, ist unbekannt. Eine endgültige Zahl der Toten des Speziallagers – es sind wenigstens Zwanzigtausend – konnte noch nicht ermittelt werden.«*

Der ehemalige Häftling L. Z. berichtete nach 1950:

»Ein Trecker brachte Nacht für Nacht die beladenen Anhänger dorthin. Weit in der Umgebung hörte man den uralten Lanz-Trecker donnern, wenn er mit seiner unheimlichen Fracht durch die stille Nacht rasselte. Die Barackenposten wickelten sich fester in den Mantel, der für diesen Dienst gestellt wurde und lauschten dem Tod. Immer dieselben Männer waren es, die in Schmachtenhagen tätig sein durften, denn es mußte geheimnisvoll bleiben, was dort geschah. Die Totengräber sollten bei

Abb. 167 Massengräber bei Schmachtenhagen

Abb. 168
Denkmal für sowjetische Soldaten

Abb. 169
Gedenkstein zu Ehren der Roten Armee

ihrer Tätigkeit nicht auffallen, es sollten keine Totenzahlen bekannt werden, ...«

Im gesamten Gebiet der Sowjetischen Besatzungszone gab es zehn dieser Speziallager mit über 155 000 Inhaftierten, so zum Beispiel in Ketschendorf, dessen Tote auf dem Friedhof von Halbe begraben sind.

168. **Letschin** (MOL), s.-östl. von Wriezen und von Bad Freienwalde

Auf dem Dorfplatz befindet sich ein Denkmal für die sowjetischen Soldaten, die in der Nähe dieses Ortes gefallen sind. Dieses Denkmal entspricht einem »Einheitsdenkmal«, wie es fast überall in der ehemaligen Sowjetischen Besatzungszone errichtet wurde.

Abb. 168
Ruhm und Ehre den 1945 gefallenen 331 Sowjetsoldaten

169. **Staaken** (Berlin)

Staaken gehörte nach 1945 im Gebietsaustausch zur späteren DDR. Auch hier steht ein sowjetischen Denkmal.

Abb. 169
Zum Andenken an die Befreiung April 1945 durch (die) Rote Armee

Gegenüber diesem Denkmal – an der Ziegelmauer des Friedhofs – befindet sich die in Abb. 148 wiedergegebene Gedenktafel für Kaiser Wilhelm II.

170. **Kienitz** (MOL),
s.-östl. von Bad Freienwalde, östl. von Letschin

Mit Hilfe der Sowjetarmee errichteten deutsche Verwaltungsbehörden in der Sowjetischen Besatzungszone ebenfalls Denkmale zu Ehren der Roten Armee. Auf dem Dorfplatz in Kienitz ließen sie einen Sowjetpanzer aufstellen. In einem Zementblock vor dem Panzer ist eine Granittafel eingelassen, die eine Inschrift trägt.

Abb. 170
Denkmal zu Ehren der Roten Armee

Abb. 170
31. Januar 1945 – Kienitz Erster vom Faschismus befreiter Ort auf unserem Staatsgebiet Ruhm und Ehre den Kämpfern der 5. Stoßarmee und der 2. Gardepanzerarmee.

Abb. 171
Propagandainschrift

171. **Horst** (UM),
westl. von Prenzlau,
nord-westl. der B 109

Kyrillische Schriftzeichen verkünden hier noch den Sieg der Sowjetarmee.

Abb. 171
Unsere Sache (Tat, Werk) war gerecht (richtig), wir haben gesiegt

Abb. 172
Abbau eines sowjetischen Denkmals

172. **Fürstenberg** (OHV),
nördl. von Gransee, an der B 96

Abb. 172
Abbau eines sowjetischen Denkmals vor der Kaserne im Jahre 1990

173. **Hornow** (SPN),
s.-östl. von Cottbus, nahe der B 115

Auf dem Dorfplatz sind Grabstellen für 40 deutsche Soldaten.

Zwischen der Oder und Berlin gibt es viele große deutsche Soldatenfriedhöfe, zum Beispiel in **Halbe** (LDS, s.-östl. von Berlin, östl. der A 13):

»Vom 24. April bis 1. Mai tobte in den Wäldern um Halbe eine der letzten Schlachten des Zweiten Weltkrieges. Der 9. Armee

Abb. 173
Soldatengräber in Hornow

unter General Busse und der 4. Panzerarmee standen die 1. Belowrussische und die 1. Ukrainische Front unter Marschall Shukow gegenüber. Von 200 000 deutschen Soldaten starben mehr als 40 000 im Kessel«.

Ein ähnlich gestalteter Soldatenfriedhof liegt am Ortsausgang von **Lietzen** (MOL, s.-östl. von Seelow).

Abb. 174
Grabstelle für drei deutsche Soldaten

174. **Zernikow** (OHV),
n.-westl. von Gransee, westl. der B 96

Auf dem Friedhof befindet sich eine gemeinsame Grabstelle für 3 deutsche Soldaten.

Abb. 174
3 unbekannte deutsche Soldaten † 1945

175. **Nennhausen** (HVL),
östl. von Rathenow, nahe der B 188

Hier ist die einzige, dem Verfasser bekannte Grabstelle, in der russische und deutsche Soldaten auf dem Friedhof gemeinsam begraben wurden und einen gemeinsamen Gedenkstein erhielten. Es handelt sich um eine auf Initiative des Pfarrers von Nennhausen vorgenommene Umbettungsaktion nach der Wende.

Abb. 175
Gemeinsame Grabstelle deutscher und russischer Soldaten

Abb. 175
Hier ruhen 49 Soldaten der Roten Armee und 38 deutsche Soldaten. Wir gedenken der Opfer von Haß und Gewalt durch den II. Weltkrieg. – Soldaten und Zivilisten, die noch in den letzten Kriegstagen einen sinnlosen Tod fanden – Fremdarbeiter, die hierher verschleppt wurden – Allen, die aus stalinistischen Lagern nicht heimkehrten Wir hoffen auf ein neues Denken: »Sie werden ihre Schwerter zu Pflugscharen und ihre Spieße zu Sicheln machen. Es wird kein Volk gegen das andere das Schwert erheben, und sie werden hinfort nicht mehr lernen, Krieg zu führen«. Micha 4, 3.

Vorbemerkungen zu den Abbildungen 176–179

Einige Daten sollen die Bodenreform in der ehemaligen Sowjetischen Besatzungszone in Erinnerung rufen:

August 1945	Beginn der Bodenreform; Aufteilung von Gutsland an Arbeiter und landlosen Bauern,
Juli/Aug. 1946	Entschädigungslose Bodenenteignung bestimmter Personenkreise,
1949	Beginn des »Kampfes« gegen die Mittel- und Großbauern,
Juli 1952	Beginn der Propagierung der Landwirtschaftlichen Produktionsgenossenschaft,
1953	Ablieferungspflicht für »Mittel- und Großbauern«; Erhöhung der Arbeitsnormen,
10. Juli 1958	Auf dem 5. Parteitag der SED wird verkündet, dass die DDR bis 1961 die Produktion und den Verbrauch von Lebensmitteln und Konsumgütern in der BRD übertreffen will,
24. Juli 1958	»Neues Deutschland« versichert, es werde niemals einen Zwangseintritt in die LPG geben,
22. Jan. 1960	Der Nationalrat der »Nationalen Front« berät über eine forcierte Kollektivierung der Landwirtschaft,
2. April 1960	Das 8. Plenum des ZK befasst sich mit dem Abschluss der Kollektivierung der Landwirtschaft.

Lit.: Müller, K.

176. **Polßen** (UM),
südl. von Gramzow, nördl. von Angermünde, an der B 198

Parallel zur Einleitung der Bodenreform wurden schriftliche Appelle an den Gebäudewänden (hier an einer Stallung) für die Landbevölkerung erlassen:

Abb. 176
Festigt die internationale Solidarität und Einheit der Arbeiterklasse im Kampf für Frieden, Demokratie und Sozialismus!

Abb. 176
Appell an die Landbevölkerung

177. **Groß Gottschow** (PR),
östl. von Perleberg, zw. der B 189 und der B 5

Ein Stein erinnert an den Beginn der Bodenreform in der Sowjetischen Besatzungszone.

178. **Malitschkendorf** (EE),
östl. von Herzberg, nahe der Kreuzung
B 87 und B 101

An einem Gebäude der ehemaligen »LPG Morgenrot« erinnert eine Tafel an die LPG-Zeit.

Abb. 177
Demokratische Bodenreform 1945

Abb. 178
LPG Morgenrot Malitschkendorf

Abb. 179
Erinnerungstafel an den Tag des vollgenossenschaftlichen Dorfes

179. **Retzin** (PR),
n.-öst. von Perleberg, an der B 189

Eine Tafel weist auf den »Sieg des Sozialismus in der Landwirtschaft« hin.

Abb. 179
Durch die demokratische Bodenreform zur sozialistischen Grossraumwirtschaft für den Sieg des Sozialismus Tag der Bodenreform 5. 9. 1945 Tag des vollgenossenschaftlichen Dorfes 15. 3. 1960

In vielen Dörfern Brandenburgs wurden nach der Einheit Deutschlands Gedenksteine errichtet.

Abb. 180
Gedenkstein zur deutschen Einheit

180. **Bliesdorf** (MOL),
s.-östl. von Wrietzen, östl. der B 167

Abb. 180
EINIGKEIT UND RECHT UND FREIHEIT 3. 10. 1990 TAG DER DEUTSCHEN EINHEIT

In **Falkensee** (HVL, östl. von Berlin-Spandau, an der B 5) weist ein Stein auf das Ende der Teilung Deutschlands hin:

ZUR ERINNERUNG AN DIE TRENNUNG BIS 1989

Abb. 181
Haus mit Gedenktafel

181. **Buchholz** (LOS),
nördl. von Fürstenwalde

An einem Bauernhaus ist eine Erinnerungstafel mit folgendem Text angebracht:

Abb. 181
ERBAUT 1884 VERLASSEN 1953 ZURÜCKGEKEHRT 1991 REINHARD VALENTIN

Von den vielen anderen Hausinschriften, Anschlägen und Werbeschildern, die zum Teil auf tragisch-komische Verhältnisse aufmerksam machen, sei der immer noch aktuelle Hinweis an einer Hoftür wieder gegeben:

182. **Strausberg** (MOL),
östl. von Berlin

Abb. 182
Anschlag an einer Tür in Strausberg

Abb. 182
Serapis Proserpina Büro zur Wahrung d. Interessen von amtlich toterklärten Lebenden Klosterstr. 3·15344 Strausberg

(Serapis oder Sarapis wird als Retter bzw. Heilgott genannt. Proserpina ist die Königin der Unterwelt. Der Sinn des Textes ist: Retter vor dem Untergang, Retter vor dem Tod.)

Ortsnamen mit Angabe der Landkreise und Abbildungsnummern

Personennamen mit Angabe der Abbildungsnummern

Literaturverzeichnis

Abel, W.:
Geschichte der deutschen Landwirtschaft (Deutsche Agrargeschichte II), Stuttgart 1978

Arnim, A. v.:
Mir ist zu licht zum Schlafen (Hrsg. Wolf, G.), Berlin 1983

Aufhammer, G.:
Ferdinand v. Lochow. In: Große Landwirte (Hrsg. Franz, G. u. a.) Frankfurt/M 1970

Berner, E.:
Geschichte des Peußischen Staates, Bonn 1896

Blume, Tr. (Hrsg):
Musik in Geschichte und Gegenwart, Kassel-Basel-London 1989

Bourgogne, F.:
1812 Kriegserlebnisse von François Bourgogne, Stuttgart o. J.

Brandenburg, I. u. K.:
Hugenotten. Geschichte eines Martyriums, Leipzig 1990

Bruyn, G. de (Hrsg.):
Einfalt und Natur. Gedichte von F. Wilhelm August Schmidt, Berlin 1981

Caratini, R.:
Napoléon une imposture, Paris 1998

Das Tagebuch des Amtmanns Zeis aus dem Jahre 1813.
In: Zeis-Blätter, Bad Schwartau 1963

Dehio, G.:
Handbuch der Deutschen Kunstdenkmäler. Brandenburg, Berlin-München 2000

Deickert, P.:
Historisches Döberitz, Berlin 1936

Deutscher Kulturbund Neu-Brandenburg. Mitteilungen des Bezirksfachausschusses für Ur- u. Frühgeschichte, Nr. 16, 1999

Die Provinz Brandenburg in Wort und Bild (2 Bde.),
Leipzig u. Berlin 1909 u. 1912

Droz, J.:
Le Romantisme allemand et l' Etat. Résistance et Collaboration dans l'Allemagne Napoléonienne, Paris 1966

Eichmann, B.:
Denkmale deutscher Vergangenheit, Bad Honnef 1994

Flügge, M.:
Glasmalerei vom Mittelalter bis ins 20. Jahrhundert in Brandenburg, Worms 1998

Fördergesellschaft A. D. Thaer. Auf den Spuren A. D. Thaers. Möglin und seine Umgebung, Möglin o. J. (1994?)

Fontane, Th.:
Wanderungen durch die Mark Brandenburg (7 Bde.), Berlin 1991

François, K. v.:
Die Memoiren, München 1965

Franz, G.:
Quellen zur Geschichte des deutschen Bauernstandes in der Neuzeit, München, Wien 1963

Franz, G.:
Geschichte des deutschen Bauernstandes vom frühen Mittelalter bis zum 19. Jahrhundert, in: Deutsche Agrargeschichte, Bd. IV, Stuttgart 1976

Frescot, J. u. a.:
Fidus 1868–1948. Zur aesthetischen Praxis bürgerlicher Fluchtbewegungen, München 1972

Friedrich der Große:
Das Politische Testament von 1752, Stuttgart 1974

Gesetz über Schutz und Pflege der Denkmale im Land Brandenburg, Potsdam 1991

Grabowski, J. v.:
Erinnerungen eines Ordonnanzoffiziers Napoleon I.: aus den Freiheitskriegen 1813–1814, Berlin 1910

Gross, J. C.:
Die Franzosenzeit in Leipzig. Persönliche Erinnerungen an 1813, Leipzig 1850

Heilmann, K.:
Handbuch der Pädagogik (3 Bde.), Leipzig 1904

Henning, F.-W.:
Landwirtschaft und ländliche Gesellschaft in Deutschland (2 Bde.), Uni-Taschenbuch (UTB) 774 u. 894, Paderborn, München, Wien, Zürich 1996

Kiesow, G.:
Einführung in die Denkmalpflege in Deutschland, Darmstadt 1982

Klenke, D.:
Denkmäler als Orientierungshilfe in einer geschichtsvergessenen Zeit? Anregungen aus dem »Schülerwettbewerb deutsche Geschichte« für den Geschichtsunterricht.
In: Geschichte, Politik und ihre Didaktik, 24 (1996, H. 3–4, S. 313–322)

Kittel, P. (Hrsg.):
Die deutschen Befreiungskriege, Deutschlands Geschichte von 1806–1815, Berlin 1901

Klein, T.:
Die Befreiung, Ebenhausen 1913

Körte, W.:
Albrecht Thaer – Sein Leben und Wirken als Arzt und Landwirth, Wiesbaden 1839

Krimer, W.:
Erinnerungen eines alten Lützower Jägers. 1795–1819 (2 Bde.) Stuttgart 1913

Kulturbund der DDR:
Wanderungen durch den Kreis Nauen, Schriftenreihe aus »Geschichte und Natur« 5, Nauen 1967

Kulturbund der DDR:
Wanderungen durch den Kreis Nauen (5 Bde.), Nauen 1988

Leixner, O. v.:
Geschichte der Deutschen Literatur, Leipzig 1894

Leutwein, Th.:
Elf Jahre Gouverneur in Deutsch-Südwestafrika, Berlin 1908

Lexikon der Kunst, Berlin 1975

Mackensen, L.:
Das große Buch der Vornamen (Ullsteinbuch Nr. 34425), Frankfurt, Berlin 1969
Marwitz, F. A. L. v.:
Ein märkischer Edelmann im Zeitalter der Befreiungskriege, Berlin 1908
Marwitz, F. A. L. v.:
Nachrichten aus meinem Leben 1777–1808 (Hrsg. Bruyn, G. de), Berlin 1989
Meier-Brügger, E.:
Schweizer in Berlin u. Brandenburg, Berlin 1999
Meyers Enzyklopädisches Lexikon, Mannheim–Wien–Zürich 1971
Meyers Konversationslexikon, Leipzig–Wien 1897
Mittig, H.-E.:
Das Denkmal. In: Funkkolleg Kunst. Hrsg. Busch, W., Bd. 2, München 1987, S. 544 ff.
Müller, K.:
Die mitteldeutsche Landwirtschaft 1945–1974. Ein agrarsoziologisch-sozialgeographischer Beitrag zu ihrem Strukturwandel, Berlin 1975
Müller-Bohn, H.:
Die deutschen Befreiungskriege (2 Bde.), Berlin 1901
Müsebeck, E.:
Gold gab ich für Eisen, Berlin–Leipzig–Wien–Stuttgart 1913
Nietzsche, F. W.:
Vom Nutzen und Nachteil der Historie für das Leben, Berlin 1975
Pflugk-Harttung, I. v.:
1813–1815. Illustrierte Geschichte der Befreiungskriege, Berlin, Leipzig 1913
Philipp, W. (Hrsg.):
Klassiker des Protestantismus, Bd. VIII, Das Zeitalter der Aufklärung, Bremen 1963
Rave, P. O.:
Wilhelm von Humboldt und das Schloß zu Tegel, Berlin 1956
Richter, J.:
Die Briefe Friedrichs des Großen an seinen vormaligen Kammerdiener Fredersdorf, Berlin 1926
Reußé, F.:
Das Denkmal an der Grenze seiner Sprachfähigkeit, Stuttgart 1995 (Sprache und Geschichte, Bd. 23)
Salzer, A. u. a.:
Illustrierte Geschichte der Deutschen Literatur, Köln o. J.
Schoeps, H..-J.:
Aus den Jahren preußischer Not und Erneuerung, Berlin 1963
Schwalbe, G., u. a.:
Landeskunde der Provinz Brandenburg (4 Bde.), Berlin 1909
Steffens, H.:
1802–1814. Knechtschaft und Freiheit, Berlin 1913
Suter, H.:
Errichtung der ersten Preußischen Forstschule in Groß-Schönebeck (Schorfheide) und deren Niedergang 1877–1907, Hamburg-Harburg 1993

Spranger, E.:
Der Bildungswert der Heimatkunde, Stuttgart 1962

Tacke, Ch.:
Denkmal im sozialen Raum. Nationale Symbole in Deutschland und Frankreich im 19. Jahrhundert, Göttingen 1995 (Kritische Studien zur Geschichtswissenschaft, Bd. 108)

Thiers, A.:
Geschichte des Consulats und des Kaiserthums (20 Bde.), Brüssel–Leipzig 1860

Venohr, W.:
Fridericus Rex. Friedrich der Große – Portrait einer Doppelnatur, Bergisch-Gladbach 1985

Weber, O.:
Geschichte des Schutzgebietes Deutsch-Südwest-Afrika, Klooßsig, H. Verwoerdburg o. J.

Wedel, K. v.:
Lebenserinnerungen des Generalleutnants Karl von Wedel, Erster Teil 1783–1810, Zweiter Teil 1810–1858, Berlin 1911

Wussow, A. v.:
Die Erhaltung der Denkmäler in den Kulturstaaten der Gegenwart, 2 Bde., Berlin 1884

Im Findling Verlag erschienen

H. Krohm und A. Binder

Das Sakramentshaus

im St. Marien-Dom
zu Fürstenwalde

220 x 240 mm
144 Seiten
70 sch/w. Fotos
16 Farbfotos
Festeinband
20,50 Euro
ISBN 3-933603-13-7

Der Fürstenwalder Dom ist ein Wahrzeichen der Stadt und ihrer Geschichte, Anziehungspunkt für Tausende Besucher.
Mit der Kathedralkirche des ehemaligen Bistums Lebus reichte einst der Wirkungskreis der polnischen Kirchenprovinz bis weit hinein in das brandenburgische Land.
Trotz Zerstörung durch Kriege und Stadtbrände, trotz vieler baulicher Veränderungen des Doms und des Konfessionswechsels im Jahrhundert der Reformation blieb wunderbarerweise das Sakramentshaus erhalten. 1517 stiftete es der berühmte Bischof Dietrich von Bülow seiner Kathedrale als Monument »Katholischer Frömmigkeit«.
Die Mark Brandenburg ist arm an gotischer Sandsteinplastik.
Der St. Marien-Dom zu Fürstenwalde zählt zu den wenigen Zeugnissen gotischer Baukunst im Brandenburger Land.
Dieses Buch stellt erstmals ausführlich in Wort und Bild ein bisher kaum bekanntes Architekturgebilde vor, das Sakramentshaus.
Einbezogen in die Darstellung ist das Epithaph des Stifterbischofs.
Die Forschungen zu dem Meister-Monogramm (welches an beiden Kunstwerken nachweisbar ist) lassen einen so gut wie vergessenen erzgebirgischen Künstler als Schöpfer vermuten, der auch in Köln und anderen Städten tätig war.